庄子选译（高中版）

金帆◎编

海峡出版发行集团 THE STRAITS PUBLISHING & DISTRIBUTING GROUP | 福建教育出版社

图书在版编目（CIP）数据

庄子选译：高中版/金帆编. —福州：福建教育出版社，2018.8（2020.11重印）
（何捷主编）
ISBN 978-7-5334-8158-2

Ⅰ. ①庄… Ⅱ. ①金… Ⅲ. ①道家②《庄子》—译文 Ⅳ. ①B223.5

中国版本图书馆CIP数据核字（2018）第112713号

主编 何捷

Zhuangzi Xuanyi（Gaozhong Ban）

庄子选译（高中版）

金帆 编

出版发行	福建教育出版社 （福州市梦山路27号 邮编：350025 网址：www.fep.com.cn 编辑部电话：0591-83786690 发行部电话：0591-83721876 87115073 010-62027445）
出 版 人	江金辉
印 刷	北京一鑫印务有限责任公司 （北京市顺义区北务镇政府西200米 邮编：101300）
开 本	960毫米×1280毫米 1/32
印 张	7
字 数	138千字
版 次	2018年8月第1版 2020年11月第2次印刷
书 号	ISBN 978-7-5334-8158-2
定 价	28.00元

如发现本书印装质量问题，请向本社出版科(电话:0591-83726019)调换。

总 序 | *FOREWORD*

人生那么短，有时间就读经典

每个人成年后，都有一个难以回避的遗憾——童年的时光那样珍贵，而我们却常常无端浪费。

在我看来，童年，就是阅读的大好时光。有一句心里话，与大家分享："儿时正是读书时。"你不得不承认，小时候拥有最自由的阅读时间。虽然说那些让人讨厌的作业整天形影不离缠着你，虽然说学习看起来还真的不是那样简单，但和未来要承担繁重工作的你相比，儿时的你，的确有大把大把的时间可以自由支配。儿时，还是最有精力的时候，只有等到你长大，或者像我一样到了中年，你才会知道什么叫做"牵绊"，什么叫做"分散"，什么叫做"心有余而力不足"。而等你感受到的时候，就是遗憾降临的时候。至今清楚地记得，相对于如今的我而言，小的时候我也曾精力充沛，而不能原谅的是，却看着时间大把大把地从我的生命中流逝。

最重要的是，儿时是最能琢磨出读书趣味的时候。因为小，所以你的无知也显得可爱，所以什么都值得你读一读。儿时的好学就是特质，似乎什么都值得你了解，什么对于你来说都是新鲜的。世界上的一切都在召唤你去探索，去改变。无疑，阅读是最佳的方式。阅读，最经济，最简单，最直接，最有效；不知道的，感兴趣的，都可以通过阅读来获取。

这样看来，读书是不二的选择，这点毋庸置疑了。只是要知道：小的时候读了多少？读了什么？怎么读？这些几乎决定了你未来怎么成长，长得好不好，长成什么样。接下来我们就说说“为什么要读经典”。

很多人对我的童年读书经历很感兴趣。他们从我的课堂上，从我出版的教学专著中，做了很多猜测：课上成这样，书出版得这么多，小的时候，他一定读过不少书吧。不然，怎么这样能写，如此能说？大家猜对了，我小的时候，书的确读得多。不过我读的更多的是大家瞧不上的“小人书”，一共好几个抽屉呢。请不要笑话哦，在我童年的那个年代，能够读几个抽屉小人书，一定是“家境优越”“家风正派”的。我的爸爸是党报的编辑，他非常重视我和姐姐的阅读，因此，他花了很多钱，为我们购买了这些小人书。这在当时，算得上是一种奢侈品。所以，我的童年过得是有滋有味的。记不清具体是哪一年，依稀是四年级吧，有一天妈妈下班回来，带给我几页金庸先生写的《射雕英雄传》的残页。所谓“残页”，就是工厂印刷失败后留下的废纸啦。妈妈在新华印刷厂工作，她为我捡回这些残页，并没有太多想法，只是丢给我，让我随便看看。没想到这一看，我就像着了魔似的，开始如饥似渴地读起金庸的武侠小说来，一本接着一本，根本停不下来，真正是到了可以不吃饭、不睡觉也要看的地步。读了如此有意思的书后，那些小人书就排不上队了。瞧，好的作品有曲折动人的情节，有活生生的有血有肉的人物，有精致诱人的细节，有让人沉醉其间的魅力。后来，小学时的每一个中午，我都是捧着厚厚的金庸小说睡着的。再后来，我还把自己的网名起为“语文老顽童”，你一定明白，这是深深地受到了经典武侠小说的影响。

阅读经典，就像用针在你的灵魂里纹绣美图。

中学时，书读得少了。到了师范学校，我全心全意地修炼教师基本功，读得也不够。做了老师，阅读的缺损就来惩罚我了。课设计得很单薄，言论没有内涵，很浅薄，一切都显得轻飘飘的。这个时候，依然是妈妈告诉我：别慌，可以用读书去改变。于是，在妈妈的鼓励下，我又一次开始阅读。真的有惊喜啊，小时候所有的阅读体验都在重新阅读时顺利复活了。阅读，其实就是一种记忆的唤醒，就是一种微火的吹燃。儿童时代所有的阅读，都构成了我们的阅读历史，构成了我们的生命，都成为我们不断成长的动力。儿时阅读，是至关重要的。

我还欣喜地发现：当老师爱上阅读，学生自然爱上阅读。

教师引导儿童阅读，绝非难事，但不要过于强调，大张旗鼓。一个老师爱读书，所带的班级学生自然也爱读书。所以，起初我主张自由阅读，并不做具体的推荐。孩子读得很随意，他们喜欢那些像“饮料”一样，乍一看很刺激的书。虽然读了，但读得不对，进步自然很慢，甚至言行还出现偏差。读什么书，对人的影响是巨大的。后来，我让他们更多关注经典这一类犹如“粮食”一样的书，情况一下得到了好转。什么是像“粮食”一样的经典呢？首先，这些书并不哗众取宠地讨好你，相反，也许你初读时并不感觉“好在哪里”，甚至还有些“读不懂”，或者是读了，有感觉了，但一切都是恬淡的、舒适的、自然的，只是的确有一种说不清楚的诱惑力，让你舍不得放下。之后，你再读，可能就会品出其中的滋味了。这种感觉让人难忘，简直说是无法磨灭。再后来，你也许会不断主动重复阅读，因为你的身体、心灵都在要求你再读一读，你已经和这些经典的书融合在一起了。经典，已经化为你的血液了。这如同粮食对人的给养，让你慢慢成长。在此之后的一生中，无论遇到什么样的情况，经逢各种各样的事，你的脑海中都会冒出一个形象，一个桥段，一个细节，它们都存活在经典中，都在冥冥中给你力量，给你帮助。这就是经典带来的力量。于是，你做出了一个很有意思的决定——把这本书推荐给身边最亲爱的人。

明白了吧，这就是我今天为什么向你推荐这套经典读物的原因了。我也是被经典打动、滋养的。我怎么能独享？当然要和你一起欣赏。

这套近百部的经典，已经不需要再次罗列书名了。对你来说，它们简直就像老朋友，真有一种“低头不见抬头见”的亲切感。但我相信，这一次你阅读它们，阅读这一套丛书，会有很多新的收获。我接下来和大家说说“如何读才好”。

经典，已经摆在我们面前，该怎么去读呢？答案很简单，三个字——慢慢读。

经典是最值得你花时间去品味，去琢磨，甚至多读几遍的。我敢保证，每一次阅读你都会有不同的发现。我希望，你可以不断进步，让阅读的层次不断提升，越读越会读。比如说，有的人读经典，只喜欢其中叙述的故事。的确，故事很精彩，但光是停留在故事，停留在内容，就等于你开采到了一块宝石，但是你却抚摸包裹在外的石衣，还没有看到真正璀璨的光芒。只读故事，损失了经典十分之九的色彩。有的孩子已经知道读经典是需要手到、眼到、口到、心到的，可以做些笔记、摘抄，做一些批注，还可以写一些随想、感受，等等。长期这样阅读经典，等于同时养成一个习惯，让自己的读写能力完成日积月累的增长。一段时间以后，你的语言也发生了变化，你的文章越发的漂亮，你看问题的角度也变得与众不同，这就叫“腹有诗书气自华”。记住，好习惯是需要日积月累的，坚持就是你永远应该保持的姿态。

必须说明，还有一种小孩非常特别。他们读书时善于思考。每次接触经典，他们都会去思考：到底这样的经典是怎么写成的呢？为什么这些故事会流传到今天呢？为什么至今还有那么多人喜欢呢？

带着探索的心，一边想，一边读，你将层层剥笋，如获至宝。每读一次都将增长读与写的功力，变得能读善写。比如说读了《水浒传》，你会发现每个好汉都有他的绰号，而绰号和好汉的特点是相关的，你开始琢磨作者是怎么去构思并写出这么多各具特色的人物呢，哪些细节让我们留下对人物深刻的印象呢。再比如说你发现《西游记》中有一个故事叫“三打白骨精”，《三国演义》中有个故事叫“三顾茅庐”，还有“三气周瑜”，《水浒传》中有“三打祝家庄”的故事。为什么都是“三”呢？是巧合吗？难道真是发生了三次吗？读得多了，你会发现这也许就是一种创作的手法吧。再往下读，你又会看到许许多多的作品中居然都有这个神秘的“三”的存在，慢慢地你就会用“三”的结构来写自己的故事。看，你不就又成长了吗？

阅读了这套书，接触过近百部经典之后，你会非常欢喜，因为收获满满，实实在在。这时候，我希望你把这些经典推荐给自己的小伙伴，或者，直接跟同伴讲这些经典故事吧。经典本身就需要被口耳相传，经典本身就可以通过一次又一次的接力传承下去。你甚至会发现，身边处处都是这些经典的影子。例如，有的经典被拍成电影，有的经典化为一个个细小的话题，有的值得进行专项的研究性学习、主题研究，等等。读经典，让整个人都变了。读经典的妙用就在于“陶冶性灵，变化气质”。

童年正在流逝，还等什么？赶紧读经典吧！

2017年10月

目 录 | *CONTENTS*

《庄子选译》（高中版）导读方案

一、掌握重点实词和虚词的含义

学习文言文，首先要掌握和积累丰富的文言词汇。文言文中的基本词汇大多与现代汉语意义相同，这些较好理解；但有些词，古今意义发生了变化，学习文言文要特别注意这些词语；另外，一些文言虚词，如“之”“乎”“者”“其”之类，意思比较宽泛，在不同的语言环境里，它们的意思和用法可能不同。这就需要联系上下文，正确理解。

“怒而飞”，这里的“怒”不是生气的意思，而是奋力、勉力的意思。

“而御六气之辩”，“之”作为一个重要的虚词，含义很多，在翻译时我们需要联系上下文的意思来看。此处的“之”是“的”的意思。

二、掌握正确翻译句子的方法

古文翻译的要求一般被归纳为信、达、雅三项。“信”是指译文要准确地反映作品的含义，避免曲解原文内容；“达”是指译文应该通顺、晓畅，符合现代汉语语法规范；“雅”是指译文不仅要准确、通顺，而且应生动、优美，能再现原作的风格神韵。

古文翻译的方法主要有“直译”和“意译”两种。直译，指紧扣原文，按原文的字词和句子进行对等翻译的今译方法。它要求忠实于原文，确切表达原意，保持原文的本来面貌；意译，指在透彻理解原文内容的基础上，为体现原作神韵、风貌而进行整体翻译的今译方法。我们在翻译《庄子》时，结合这两种翻译方法，以“直译”为主,“意译”为辅，既做到了忠实于原著，又使言辞畅达、文采斐然。

尧让天下于许由，曰：“日月出矣，而爝火不息，其于光也，不亦难乎！时雨降矣，而犹浸灌；其于泽也，不亦劳乎！夫子立而天下治，而我犹尸之，吾自视缺然。请致天下。”

译文为：尧打算把天下让给许由，说：“太阳和月亮都已升起来了，可是小小的炬火还在燃烧不熄；它要跟太阳和月亮的光亮相比，不是很难堪吗？季雨及时降落了，可是还在不停地浇水灌地；如此费力的人工灌溉对于整个大地的润泽，不显得徒劳吗？先生如能居于国君之位，天下一定会获得大治，可是我还空居其位；我自己越看越觉得能力不够。请允许我把天下交给你。”

这段译文紧扣原文，字词落实，句法结构基本上与原文对等，属于直译。但对直译又不能简化理解，由于古今汉语在文字、词汇、语法等方面的差异，今译时对原文做一些适当的调整是必要的，并不破坏直译。

三、感受《庄子》善用比喻，生动活泼的语言特色

《庄子》是我国先秦时期主要的哲学和文学著作，是道家学派的重要经典之一。其内容气势恢宏，景象壮阔，具有雄奇怪诞的艺术意境；其语言生动形象，丰富多彩，具有强烈的艺术效果。《庄子》语言凝练、思想深刻，一些语句千百年来广为传诵，至今仍活跃在人们的语言中。

“不近人情”“朝三暮四”“亦步亦趋”等，在我们的学习和生活中就常被用到。

其中的一些名句，典雅凝练，内涵丰富，思想深邃，在人们不断引用的过程中被简化、紧缩，形成了成语、格言、典故。

“欣然自喜”“见笑大方”，字里行间使人感受到了河伯对海神的佩服和自我反省的精神，体现了庄子说理的形象性。

四、挖掘《庄子》中蕴含的深刻道理

《庄子》是我国先秦时期主要的哲学和文学著作，在中国文学史、哲学史、美学史和思想史方面都占有很重要的地位。《庄子》善于运用明喻、暗喻、正喻、反喻等手法和寓言故事来说理，启迪着人们自觉修身、完善自我，去追求人生的最高精神境界，实现人生的自我价值和社会价值。《庄子》中蕴含的道理，即使放在我们现在，仍有极强的指导意义。

于是焉河伯始旋其面目，望洋向若而叹曰：“野语有之曰：‘闻道百，以为莫己若者。’我之谓也。且夫我尝闻少仲尼之闻而轻伯夷之义者，始吾弗信；今我睹子之难穷也，吾非至于子之门，则殆矣，吾长见笑于大方之家。”

译文：于是，河神开始改变自得的脸色，望着浩瀚无边的大海，仰视着海神若，对海神感叹说：“俗语说：‘闻知许多道理后，自以为没有人能及得上自己的人。’我就是这样的人啊。我曾听说有人小看仲尼之闻见少，轻视伯夷的气节，起初我不相信；现在我看到你这等浩瀚无边，难于穷尽，我若不到你这里来，那可就真的危险了，我将长久被深明大道的人笑话。”

本书在《庄子》原著基础上加以选编翻译，以更适合青少年阅读。

逍遥游

《庄子》三十三篇，以内七篇为主，内七篇则以《逍遥游》居其首。逍遥，实为庄子思想主旨之所在，最高之境界。何为逍遥？古指优游自得的样子。换言之，是没有任何束缚地、自由自在地活动。对于文章的主旨，有人以老子解、儒家解、佛家解，似乎都有牵强之意。以庄子来解释《庄子》，是为上策。鲲、鹏与蜩、学鸠、斥鴳之小大之辩；大椿、冥灵、彭祖与蟪蛄、朝菌之小年大年之论；列子御风之有待；大瓠、不龟手之药、大树樗之有用无用说；尧与许由之谈话均为逍遥之注解。逍遥就是消除小大之辩、寿夭之论、名利之缚，而追求“无己、无功、无名”的自然状态。总之，世间万事万物小大由之。无小无大，无生无死，无名无利，游乎其中则为无穷。物各有性，性各有极，彼此易趣，适性而已罢了。

原文

北冥①有鱼，其名为鲲②。鲲之大，不知其几千里也；化而为鸟，其名为鹏③。鹏之背，不知其几千里也；怒④而飞，其翼若垂⑤天之云。是鸟也，海运则将徙于南冥[6]。南冥者，天池[7]也。

《齐谐》[8]者，志[9]怪者也。《谐》之言曰："鹏之徙于南冥也，水击[10]三千里，抟扶摇而上者九万里[11]，去以六月息者也[12]。"野马[13]也，尘埃[14]也，生物之以息相吹也[15]。天之苍苍，其正色邪？其远而无所至极[16]邪？其视下也，亦若是则已矣。

且夫水之积也不厚，则其负大舟也无力。覆杯水于坳堂之上[17]，则芥[18]为之舟，置杯焉则胶，水浅而舟大也。风之积也不厚，则其负大翼也无力。故九万里，则风斯[19]在下矣，而后乃今培风[20]；背负青天，而莫之夭阏者[21]，而后乃今将图南。蜩与学鸠笑之曰[22]："我决[23]起而飞，抢榆枋[24]而止，时则不至，而控[25]于地而已矣，奚以之九万里而南为[26]？"

适莽苍者[27]，三飡而反[28]，腹犹果然[29]；适百里者，宿[30]舂粮；适千里者，三月聚粮。之二虫又何知[31]！

小知不及大知[32]，小年不及大年。奚以知其然也？朝菌不知晦朔[33]，蟪蛄[34]不知春秋，此小年也。楚之南有冥灵[35]者，以五百岁为春，五百岁为秋；上古有大椿[36]者，以八千岁为[37]春，八千岁为秋，此大年也。而彭祖乃今以久特闻[38]，众人匹[39]之，不亦悲乎？

汤之问棘也是已[40]。穷发[41]之北有冥海者，天池也。有鱼焉，其广数千里，未有知其修[42]者，其名为鲲。有鸟焉，其名为鹏，背若[43]泰山，翼若垂天之云；抟扶摇羊角[44]而上者九万里，绝[45]云气，负青天，然后图南，且适南冥也。斥鴳[46]笑之曰："彼且奚适也？我腾跃而上，不过数仞[47]而下，翱翔蓬蒿之间，此亦飞之至[48]也。而彼且奚适也？"此小大之辩[49]也。

故夫知效一官[50]，行比一乡[51]，德合一君而征一国者[52]，其自视也，亦若此矣。而宋荣子犹然笑之[53]。且举世誉之而不加劝[54]，举世非之而不加沮[55]，定乎内外[56]之分，辩乎荣辱之境[57]，斯已矣。彼其于世，未数数然[58]也。虽然，犹有未树也。

夫列子御风而行[59]，泠然[60]善也，旬有五日而后反[61]；彼于致[62]福者，未数数然也。此虽免乎行，犹有所待[63]者也。

若夫乘天地之正[64]，而御六气之辩[65]，以游无穷者，彼且恶[66]乎待哉？故曰：至人无己[67]，神人无功[68]，圣人无名[69]。

译文

北方的大海里有一条鱼，它的名字叫作鲲。鲲的体积，不知道大到几千里；变化成为鸟，它的名字就叫鹏。鹏的脊背，不知道长到几千里；当它奋起而飞的时候，那展开的双翅就像天边的云。这只鹏鸟呀，随着海上汹涌的波涛迁徙到南方的大海。南方的大海是个天然的大池。

《齐谐》是一部专门记载怪异事情的书。这本书上记载说："鹏鸟迁徙到南方的大海，翅膀拍击水面激起三千里的波涛，海面上急骤的狂风盘旋而上直冲九万里高空，离开北方的大海用了六个月的时间方才停歇下来。"春日林泽原野上蒸腾浮动犹如奔马的雾气，低空里沸沸扬扬的尘埃，都是大自然里各种生物的气息吹拂所致。天空深蓝，难道这就是它真正的颜色吗？抑或是高旷辽远没法看到它的尽头呢？鹏鸟在高空往下看，不过也就像这个样子罢了。

再说水汇积不深，它浮载大船就没有力量。倒杯水在厅堂的低洼处，那么小小的芥草也可以当作船，而搁置杯子就粘住不动了，因为水太浅而船太大了。风聚积的力量不雄厚，它托负巨大的翅膀便力量不够。所以，鹏鸟高飞九万里，狂风就在它的身下，然后它才能凭借风力飞行，背负青天而没有什么力量能够阻遏它了，然后才像现在这样飞到南方去。寒蝉与小灰雀讥笑它说："我从地面急速起飞，碰着榆树和枋树的树枝就停止，有时还飞不到树枝的高度就落在地上，为什么要到九万里的高空而向南飞呢？"

到郊野去，带上三餐就可以往返，肚子还是饱饱的；到百里之外去，要用一整夜时间准备干粮；到千里之外去，三个月以前就要准备粮食。寒蝉和灰雀这两个小东西懂得什么！

小聪明赶不上大智慧，寿命短比不上寿命长。怎么知道是这样的呢？清晨的菌类不会懂得什么是晦朔，寒蝉也不会懂得什么是春秋，这就是短寿。楚国南边有叫冥灵的大龟，它把五百年当作春，把五百年当作秋；上古有叫大椿的古树，它把八千年当作春，把八千年当作秋，这就是长寿。可是彭祖到如今还是以年寿长久而闻名于世，人们与他攀比，岂不可悲可叹吗？

商汤询问棘的话是这样的：在那草木不生的北方，有一个很深的大海，那就是"天池"。那里有一种鱼，它的脊背有好几千里，没有人能够知道它有多长，它的名字叫作鲲。有一种鸟，它的名字叫鹏，它的脊背像座大山，展开双翅就像天边的云。鹏鸟奋起而飞，翅膀拍击急速旋转向上的气流直冲九万里高空，穿过云气，背负青天，这才向南飞去，打算飞到南方的大海。斥鷃讥笑它说："它打算飞到哪儿去？我奋力跳起来往上飞，不过几丈高就落了下来，盘旋于蓬蒿丛中，这也是我飞翔的极限了。而它打算飞到什么地方去呢？"这就是小与大的不同了。

所以，那些才智足以胜任一个官职，品行合乎一乡人心愿，道德能使国君感到满意，能力能够取得全国信任的人，他们看待自己也不过像是这样啊。所以宋荣子讥笑他们。世上的人们都赞誉他，他不会因此越发努力，世上的人们都非难他，他也不会因此而更加沮丧。他清楚地划定自身与外物的区别，辨别荣誉与耻辱的界限，不过如此而已呀！他对于世上之物，没有拼命求取之心。虽然如此，他还是未能达到最高的境界。

列子能驾风行走，那样子实在轻盈美好，而且十五天后方才返回。列子对于寻求幸福，从来没有拼命追求的样子。他这样做虽然免除了行走的劳苦，可还是有所依凭呀。

至于遵循宇宙万物的规律，把握"六气"的变化，遨游于无穷无尽的境域，他还仰赖什么呢！因此说，道德修养高尚的"至人"能够达到忘我的境界，精神世界完全超脱物外的"神人"心目中没有功名和事业，思想修养臻于完美的"圣人"从不去追求名誉和地位。

---

①冥：亦作溟，海之意。"北冥"，就是北方的大海。下文的"南冥"即南方的大海。传说北海无边无际，水深而黑。

②鲲（kūn）：本指鱼卵，这里指传说中的大鱼。

③鹏：本为古“凤”字，这里指传说中的大鸟。

④怒：奋起。

⑤垂：通“陲”，边远。一说遮，遮天。

⑥海运：海水运动，这里指汹涌的海涛；一说指鹏鸟在海面飞行。徙：迁移。

⑦天池：天然形成的大池。

⑧《齐谐》：书名。出于齐国，内容多诙谐怪异。一说人名。

⑨志：记载。

⑩击：拍打，这里指鹏鸟奋飞而起双翼拍打水面。

⑪抟（tuán）：环绕而上。一说“抟”当作“搏”（bó），拍击的意思。扶摇：由地面急剧盘旋而上的暴风。

⑫去：离，这里指离开北海。息：停歇。

⑬野马：春天林泽中的雾气。雾气浮动状如奔马，故名“野马”。

⑭尘埃：扬在空中的土叫“尘”，细碎的尘粒叫“埃”。

⑮生物：概指各种有生命的东西。息：这里指有生命的东西呼吸所产生的气息。

⑯极：尽。

⑰覆：倾倒。坳：低洼处。坳堂指厅堂地面上的低洼处。

⑱芥：小草。

⑲斯：则，就。

⑳而后乃今：意思是这之后，方才。培：通作“凭”，凭借。

㉑莫：这里作没有什么力量讲。夭阏（è）：又写作“夭遏”，意思是遏阻、阻拦。“莫之夭阏”即“莫夭阏之”的倒装。

㉒蜩（tiáo）：蝉。学鸠：一种小灰雀，这里泛指小鸟。

㉓决（xuè）：迅疾的样子。

㉔抢（qiāng）：碰，触。榆枋：两种树名。

㉕控：投下，落下来。

㉖奚以：何以。之：去到。为：句末疑问语气词。

㉗适：往，去，到。莽苍：指景色迷茫的郊野。

㉘飡（cān）：同“餐”。反：返回。

㉙犹：还。果然：饱的样子。

㉚宿：这里指一夜。

㉛之：这。二虫：指上述的蜩与学鸠。古时通称动物为虫。

㉜知（zhì）：通“智”，智慧。

㉝朝：清晨。晦朔：一个月的最后一天和最初一天。一说“晦”指黑夜，“朔”指清晨。

㉞蟪蛄（huì gū）：即寒蝉，春生夏死或夏生秋死。

㉟冥灵：传说中的大龟，一说树名。

㊱大椿：传说中的古树名。

㊲为：作为。

㊳彭祖：古代传说中年寿最长的人。乃今：而今。以：凭。特：独。闻：为人所知。

㊴匹：配，比。

㊵汤：商汤，商朝第一个王。棘：人名，即夏革，汤时贤大夫。已：矣。

㊶穷发：不长草木的地方。

㊷修：长。

㊸若：像。

㊹羊角：旋风，回旋向上如羊角状。

㊺绝：穿过。

㊻斥鷃（yàn）：一种小鸟。

㊼仞：古代长度单位，周制为八尺，汉制为七尺；这里应从周制。

㊽至：极点。

㊾辩：通作“辨”，辨别、区分的意思。

㊿效：功效；这里含有胜任的意思。官：官职。

(51)行：品行。比：合。

(52)而：通作“能”，能力。征：取信。

(53)宋荣子：一名宋钘，宋国人，战国时期思想家。犹然：讥笑的样子。

⑭举：全。劝：劝勉，努力。

⑮非：责难，批评。沮（jǔ）：沮丧。

⑯内外：这里分别指自身和身外之物。在庄子看来，自主的精神是内在的，荣誉和非难都是外在的，而只有自主的精神才是重要的、可贵的。

⑰境：界限。

⑱数（shuò）数然：拼命追求的样子。

⑲列子：郑国人，名叫列御寇，战国时期的思想家。御：驾驭。

⑳泠（líng）然：轻盈美好的样子。

㉑旬：十天。有：又。

㉒致：罗致，这里有寻求的意思。

㉓待：凭借，依靠。

㉔乘：遵循，凭借。天地：这里指万物，指整个自然界。正：本，这里指自然的本性。

㉕御：含有因循、顺着的意思。六气：指阴、阳、风、雨、晦、明。辩：通作"变"，变化的意思。

㉖恶（wū）：何，什么。

㉗至人：这里指道德修养最高尚的人。无己：清除外物与自我的界限，达到忘我的境界。

㉘神人：这里指精神世界完全能超脱于物外的人。无功：不建树功业。

㉙圣人：这里指思想修养臻于完美的人。无名：不追求名誉地位。

原文

尧让天下于许由[1]，曰："日月出矣，而爝火[2]不息，其于光也，不亦难乎！时雨[3]降矣，而犹浸灌[4]，其于泽[5]也，不亦劳乎[6]！夫子立[7]而天下治，而我犹尸[8]之，吾自视缺然[9]。请致[10]天下。"许由曰："子[11]治天下，天下既已治也。而我犹代子，吾将为名乎？名者，实之宾[12]也。吾将为宾乎？鹪鹩[13]巢于深林，不过一枝；偃鼠[14]

饮河，不过满腹。归休[15]乎君，予无所用天下为[16]！庖人[17]虽不治庖，尸祝不越樽俎而代之矣[18]。”

肩吾问于连叔曰[19]：“吾闻言于接舆[20]，大而无当[21]，往而不返[22]。吾惊怖其言，犹河汉而无极也[23]，大有径庭[24]，不近人情焉。”连叔曰：“其言谓何哉？”“曰：‘藐姑射之山[25]，有神人居焉。肌肤若冰雪，绰约若处子[26]；不食五谷，吸风饮露；乘云气，御飞龙，而游乎四海之外。其神凝[27]，使物不疵疠[28]而年谷熟。’吾以是狂而不信也[29]。”连叔曰：“然！瞽者无以与乎文章之观[30]，聋者无以与乎钟鼓之声。岂唯形骸有聋盲哉？夫知亦有之。是其言也，犹时女也[31]。之人也，之德也，将旁礴[32]万物以为一，世蕲乎乱[33]，孰弊弊焉[34]以天下为事！之人也，物莫之伤，大浸稽天而不溺[35]，大旱金石流、土山焦而不热。是其尘垢秕穅[36]，将犹陶铸尧、舜者也[37]。孰肯分分然以物为事！”

宋人资章甫而适诸越[38]，越人断发文身[39]，无所用之。

尧治天下之民，平海内之政，往见四子藐姑射之山、汾水之阳[40]，窅然丧其天下焉[41]。

译文

尧打算把天下让给许由，说：“太阳和月亮都已升起来了，可是小小的炬火还在燃烧不熄；它要跟太阳和月亮的光亮相比，不是很难堪吗？季雨及时降落了，可是还在不停地浇水灌地；如此费力的人工灌溉对于整个大地的润泽，不显得徒劳吗？先生如能居于国君之位，天下一定会获得大治；可是我还空居其位，我自己越看越觉得能力不够。请允许我把天下交给你。”许由回答说：“你治理天下，天下已经获得了大治，而我却还要去替代你，我难道是为了名声吗？‘名’是‘实’所派生出来的次要东西，我将去追求这次要的东西吗？鹪鹩在森林中筑巢，不过占用一个树枝；鼹鼠到大河边饮水，不过喝满肚子。你还是打消念头回去吧，天下对于我来说没有什么用处啊！厨师即使不下厨，祭祀主持人也不会越俎代庖的！”

肩吾向连叔求教：“我从接舆那里听到谈话，大话连篇没有边际，一说下去就回不到原来的话题上。我十分惊恐他的言谈，就好像天上的银河没有边际，跟一般人的言谈差异甚远，确实是太不近情理了。”连叔问：“他说的是些什么呢？”“他说：‘在遥远的姑射山上，住着一位神人，皮肤润白像冰雪，体态柔美如处女，不食五谷，吸清风饮甘露，乘云气驾飞龙，遨游于四海之外。他的神情那么专注，使得世间万物不受病害，年年五谷丰登。’我认为这全是虚妄之言，一点也不可信。”连叔听后说：“是呀！对于瞎子没法同他们欣赏花纹和色彩，对于聋子没法同他们聆听钟鼓的乐声。难道只是形骸上有聋与瞎吗？思想上也有聋和瞎啊！这话似乎就是说你肩吾的呀。那位神人，他的德行，与万事万物混同一起，世人企求他治理整个天下，但他哪会忙忙碌碌把管理天下当成回事！那样的人呀，外物没有什么能伤害他，滔天的大水不能淹没他，天下大旱使金石熔化、土山焦裂，他也不感到灼热。他所留下的尘埃以及瘪谷糠麸之类的废物，也可造就出尧舜那样的圣贤人君来，他怎么会把忙着管理万物当作己任呢！”

北方的宋国有人贩卖帽子到南方的越国，越国人不蓄头发，满身刺着花纹，没什么地方用得着帽子。

尧治理好天下的百姓，安定了海内的政局，到姑射山上、汾水北面，去拜见四位得道的高士，不禁怅然若失，忘记了自己居于治理天下的地位。

---

①尧：我国历史上传说时代的圣明君主。许由：古代传说中的高士，字仲武，隐于箕山。相传尧要把君位让给他，他自命高洁而不受。

②爝（jué）火：炬火，木材上蘸上油脂燃起的火把。

③时雨：按时令季节及时降下的雨。

④浸灌：灌溉。

⑤泽：润泽。

⑥劳：徒劳。

⑦立：位，在位。

⑧尸：庙中的神主，这里用其空居其位，虚有其名之义。

⑨缺然：指不够资格做君主，心中不安的样子。

⑩致：归还，交还。

⑪子：对人的尊称。

⑫宾：次要的、派生的东西。

⑬鷦鷯（jiāo liáo）：一种善于筑巢的小鸟，俗称巧妇鸟。

⑭偃鼠：鼹鼠，喜饮河水。

⑮休：止，这里是算了的意思。

⑯为：句末疑问语气词。

⑰庖人：厨师。

⑱尸祝：祭祀时主持祭祀的人。樽（zūn）：酒器。俎（zǔ）：盛肉的器皿。“樽俎”在这里代指各种厨事。成语“越俎代庖”出于此。

⑲肩吾、连叔：旧说皆为有道之人，实是庄子为表达的需要而虚构的人物。

⑳接舆（yú）：楚国隐士，姓陆名通，接舆为其字。

㉑当（dàng）：底，边际。

㉒返：回。

㉓河汉：银河。极：边际，尽头。

㉔径：门外的小路。庭：堂外之地。“径庭”连用，这里喻指差异很大。成语“大相径庭”出于此。

㉕藐（miǎo）：遥远的样子。姑射（yè）：传说中的山名。

㉖绰（chuò）约：柔弱、美好的样子。处子：处女。

㉗凝：指神情专一。

㉘疵疠（lì）：疾病。

㉙以：认为。狂：通“诳”，虚妄之言。信：真实可靠。

㉚瞽（gǔ）：盲。文章：花纹、色彩。

㉛时：是。女：汝，你。

㉜旁礴：混同的样子。

㉝蕲（qí）：祈，求的意思。乱：这里作“治”讲，这是古代同词义反的语言现象。

㉞弊弊焉：忙忙碌碌、疲惫不堪的样子。

㉟大浸：大水。稽：至。

㊱秕：瘪谷。穅：“糠”字的异体。

㊲陶：用土烧制瓦器。铸：熔炼金属铸造器物。

㊳资：贩卖。章甫：古代殷地人的一种礼帽。适：往。

㊴断发：不蓄头发。文身：在身上刺满花纹。越国处南方，习俗与中原的宋国不同。

㊵四子：注指王倪、齧缺、被衣、许由四人，实为虚构的人物。阳：山的南面或水的北面。

㊶窅（yǎo）然：怅然若失的样子。丧（sàng）：丧失、忘掉。

原文

惠子[①]谓庄子曰：“魏王贻我大瓠之种[②]，我树之成而实五石[3]。以盛水浆，其坚不能自举[4]也；剖之以为瓢，则瓠落[5]无所容。非不呺然[6]大也，吾为其无用而掊之[7]。”庄子曰：“夫子固[8]拙于用大矣！宋人有善为不龟[9]手之药者，世世以洴澼絖为事[10]。客闻之，请买其方[11]百金。聚族而谋曰：‘我世世为洴澼絖，不过数金；今一朝而鬻[12]技百金，请与之。’客得之，以说[13]吴王。越有难[14]，吴王使之将[15]。冬，与越人水战，大败越人。裂[16]地而封之。能不龟手一[17]也，或以封[18]，或不免于洴澼絖，则所用之异也。今子有五石之瓠，何不虑以为大樽而浮乎江湖[19]，而忧其瓠落无所容？则夫子犹有蓬之心也夫[20]！”

惠子谓庄子曰：“吾有大树，人谓之樗[21]。其大本拥肿而不中绳墨[22]，其小枝卷曲而不中规矩[23]，立之途[24]，匠者不顾。今子之言，大而无用，众所同去也。”庄子曰：“子独不见狸狌乎[25]？卑[26]身而伏，以候敖[27]者；东西跳梁[28]，不辟[29]高下，中于机辟[30]，死于罔罟[31]。今夫斄牛[32]，其大若垂天之云，此能为大矣，而不能执鼠。今子有大树，患其无用，何不树之于无何有之乡[33]，广莫[34]之野，彷徨乎无为其侧[35]，逍遥乎寝卧其下，不夭斤斧[36]，物无害者。无所可用，安所困苦哉！”

译文

惠子对庄子说：“魏王送我大葫芦种子，我将它培植起来后，结出的果实有五石容积。用大葫芦去盛水，可是它的坚固程度承受不了水的压力。把它剖开做瓢，又太大了，没有什么地方可以放得下。这个葫芦不是不大呀，我因为它没有什么用处而砸烂了它。”庄子说：“先生实在是不善于使用大东西啊！宋国有一个善于调制不皲手药物的人家，世世代代以漂洗丝絮为职业。有个游客听说了这件事，愿意用百金的高价收买这个药方。全家人聚集在一起商量：‘我们世世代代在河水里漂洗丝絮，所得不过数金，如今一下子就可卖得百金，还是把药方卖给他吧。’游客得到药方，来游说吴王。正巧越国发难，吴王派他统率部队，冬天跟越军在水上交战，大败越军，吴王划割土地封赏他。能使手不皲裂，药方是同样的，有的人用它来获得封赏，有的人却只能靠它在水中漂洗丝絮，这是使用的方法不同。如今你有五石容积的大葫芦，怎么不考虑用它来制成腰舟，而浮游于江湖之上，却担忧葫芦太大无处可容？看来先生你还是心窍不通啊！”

惠子又对庄子说：“我有棵大树，人们都叫它‘樗’。它的树干却疙里疙瘩，不符合绳墨取直的要求，它的树枝弯弯扭扭，也不适应圆规和角尺取材的需要。虽然生长在道路旁，木匠连看也不看。现今你的言谈，夸大而无用，大家都会鄙弃它的。”庄子说：“先生你没看见过野猫和黄鼠狼吗？低着身子匍匐在地上，等待那些出洞觅食或游乐的小动物。一会儿东，一会儿西，跳来跳去，一会儿高，一会儿低，上下蹿越，不曾想到落入猎人设下的机关，死于猎网之中。再有那牦牛，庞大的身体就像天边的云；它算得上大了，不过不能捕捉老鼠。如今你有这么大一棵树，却担忧它没有什么用处，怎么不把它栽种在什么也没有生长的地方，栽种在无边无际的旷野里，悠然自得地徘徊于树旁，悠闲自在地躺卧于树下。大树不会遭到刀斧砍伐，也没有什么东西会去伤害它。虽然没有派上什么用场，可是哪里又会有什么困苦呢？”

①惠子：宋国人，姓惠名施，做过梁惠王的相。惠施本是庄子的朋友，为先秦名家代表，但本篇及后面许多篇章中所写惠施与庄子的故事，多为寓言性质，并不真正反映惠施的思想。

②魏王：即魏惠王，因魏国建都大梁，所以又称梁惠王。贻（yí）：赠送。瓠（hù）：葫芦。

③树：种植、培育。实：结的葫芦。石（dàn）：容量单位，十斗为一石。

④举：拿起来。

⑤瓠落：宽大的样子。

⑥呺（xiāo）然：庞大而又中空的样子。

⑦为（wèi）：因为。掊（pǒu）：砸破。

⑧固：实在，确实。

⑨龟（jūn）：通作"皲"，皮肤受冻开裂。

⑩洴（píng）：浮。澼（pì）：在水中漂洗。絖（kuàng）：丝絮。

⑪方：药方。

⑫鬻（yù）：卖，出售。

⑬说（shuì）：劝说，游说。

⑭难：发难，这里指越国对吴国有军事行动。

⑮将（jiàng）：统率部队。

⑯裂：划分出。

⑰一：同一，一样的。

⑱或：无定代词，这里指有的人。以：凭借，其后省去宾语"不龟手之药"。

⑲虑：考虑。一说通作"摅"，用绳络缀结。樽：本为酒器，这里指形似酒樽，可以拴在身上的一种凫水工具，俗称腰舟。

⑳蓬：草名，其状弯曲不直。"有蓬之心"喻指见识浅薄不能通晓大道理。

㉑樗（chū）：一种高大的落叶乔木，但木质粗劣不可用。

㉒大本：树干粗大。拥肿：今写作"臃肿"，这里形容树干弯曲、疙里

疙瘩。中（zhòng）：符合。绳墨：木工用以求直的墨线。

㉓规矩：即圆规和角尺。

㉔途：道路。

㉕狸（lí）：野猫。狌（shēng）：黄鼠狼。

㉖卑：低。

㉗敖：通“遨”，遨游。

㉘跳梁：跳跃、窜越的意思。

㉙辟：避开。

㉚机辟：捕兽的机关陷阱。

㉛罔：网。罟（gǔ）：网的总称。

㉜斄（lí）牛：牦牛。

㉝无何有之乡：指什么也没有生长的地方。

㉞莫：大。

㉟彷徨：徘徊，纵放。无为：无所事事。

㊱夭：夭折。斤：伐木之斧。

齐物论

《齐物论》可以说是《庄子》一书论述哲学思想最重要的一篇。一般来说分为两部分：一是齐物论；二是齐同论。所谓物论，就是人们对事物的看法。齐物论是庄子哲学的主体和理论基础。他认为世间对万事万物的评价都是相通的。因为客观事物本身是不分彼此的，所谓的是非、然否的争论都是对事物的片面私见造成的。从道的角度来看，万物是齐同的，所以物论也是齐同的。万物的差别，百家争鸣的不同都如同庄生梦蝶一般，皆是幻觉。对立是一种表象，只有取消对立，任其自然才能真正地明白齐物论。

原文

南郭子綦隐机而坐[①]，仰天而嘘[②]，荅焉似丧其耦[③]。颜成子游[④]立侍乎前，曰："何居[⑤]乎？形固可使如槁木[⑥]，而心固可使如死灰乎[⑦]？今之隐机者，非昔之隐机者也[⑧]。"子綦曰："偃[⑨]，不亦善乎，而问之也[⑩]！今者吾丧我，汝知之乎？女闻人籁而未闻地籁[⑪]，女闻地籁而未闻天籁夫！"

子游曰："敢问其方[⑫]。"子綦曰："夫大块噫气[⑬]，其名为风。是唯无作[14]，作则万窍怒呺[15]。而独不闻之翏翏[16]乎？山林之畏佳[17]，大木百围之窍穴，似鼻，似口，似耳，似枅[18]，似圈，似臼，似洼者，似污[19]者。激[20]者，謞[21]者，叱者，吸者，叫者，譹[22]者，宎[23]者，咬[24]者。前者唱于而随者唱喁[25]，泠风[26]则小和，飘风则大和，厉风济则众窍为虚[27]。而独不见之调调、之刁刁乎[28]？”

子游曰：“地籁则众窍是已[29]，人籁则比竹是已[30]，敢问天籁。”子綦曰：“夫吹万不同[31]，而使其自已也[32]。咸[33]其自取，怒[34]者其谁邪？”

译文

南郭子綦靠着几案而坐，仰首向天缓缓地吐着气，那离神去智的样子真好像精神脱出了躯体。他的学生颜成子游陪站在跟前说道：“这是怎么啦？形体诚然可以使它像干枯的树木，精神和思想难道也可以使它像死灰那样吗？你今天倚靠着几案而坐，跟往昔倚靠着几案而坐的情景大不一样呢。”子綦回答说：“颜偃，你这个问题不是问得很好吗？今天我忘掉了自己，你知道吗？你听见过‘人籁’却没有听见过‘地籁’，你即使听见过‘地籁’却没有听见过‘天籁’啊！”

子游问：“我冒昧地请教它们的真实含意。”子綦说：“大地吐出的气，名字叫风。风不发作则已，一旦发作整个大地上数不清的窍孔都怒吼起来。你独独没有听过那呼呼的风声吗？山陵上陡峭峥嵘的各种去处，百围大树上无数的窍孔，有的像鼻子，有的像嘴巴，有的像耳朵，有的像圆柱上插入横木的方孔，有的像圈围的栅栏，有的像舂米的臼窝，有的像深池，有的像浅池。它们发出的声音，像湍急的流水声，像迅疾的箭镞声，像大声的呵叱声，像细细的呼吸声，像放声叫喊，像号啕大哭，像在山谷里深沉回荡，像鸟儿鸣叫叽喳，真好像前面在呜呜呜唱，后面在呼呼随和。清风徐徐就有小小的和声，狂风呼呼便有大的反响，迅猛的暴风突然停歇，万般窍穴也就寂然无声。你难道不曾看见风儿过处万物随风摇曳晃动的样子吗？”

子游说：“地籁是从万种窍穴里发出的风声，人籁是从并排的各种不同的竹管里发出的声音。我再冒昧地请教什么是天籁。”子綦说：“天籁虽然有万般不同，但使它们发生和停息的都是出于自身，发动者还有谁呢？”

---

①南郭子綦（qí）：楚昭王庶弟，楚庄王司马。居住在南郭，故以此作为称号。隐：凭倚。机：亦作“几”，案几。

②嘘：吐气。

③荅（tà）焉：离形去智的样子。耦：匹对。庄子认为人是肉体和精神的对立统一体，“耦”在这里即指与精神相对立的躯体。丧其耦：表示精神超脱躯体达到忘我的境界。

④颜成子游：子綦的学生，姓颜名偃，子游为其字，死后谥成，故名颜成子游。

⑤居（jī）：表疑问的语气词，故。

⑥固：诚然。槁：干枯。

⑦心：思想，精神。固：岂，难道。

⑧“今之隐机者”与“昔之隐机者”实指一人，即南郭子綦，意思是南郭子綦今日隐机入神出体与旧时大不一样。

⑨偃：指颜成子游。

⑩而：你，人称代词。“不亦善乎，而问之也”乃是“尔问之不亦善

乎”之倒置。

⑪籁（lài）：箫，古代的一种管状乐器，这里泛指从孔穴里发出的声响。“人籁”即出自人为的声响，与“地籁”“天籁”相对应。所谓“地籁”即风吹洞穴发出的声音。“天籁”指自然界的音响。

⑫敢：表示谦敬的副词，含有“冒昧地”“斗胆地”的意思。方：道术，指所言“地籁”“天籁”的真实含意。

⑬大块：大地。噫（yī）气：吐气。

⑭是：此，这里指风。唯：句中语气词，含有仅此的意思。作：兴起。

⑮窍：孔穴。呺（háo）：亦作“号”，吼叫。

⑯翏翏（liú）：亦作飂飂，大风呼呼的声响。

⑰林：通作“陵”，大山。畏佳（cuī）：通“嵔崔”，山陵高峻的样子。

⑱枅（jī）：柱头横木。

⑲污：停滞不流的水塘。

⑳激：水流湍急的声音。

㉑謞（xiào）：同“詨”，拟声词，这里用来形容箭头飞去的声响。

㉒譹（háo）：同“嚎”，这里指嚎哭声。

㉓宎（yǎo）:深而沉。

㉔咬（jiāo）：哀叹的声音。

㉕于、喁（yú）：风吹树动前后相和的声音。

㉖泠（líng）风：小风，清风。

㉗厉风：迅猛的暴风。济：止。

㉘调调、刁刁：风吹草木晃动摇曳的样子。“刁刁”亦作“刀刀”。

㉙是：这样。已：矣。

㉚比：并合。竹：这里指并合在一起可以发出声响的、不同形状的竹管。

㉛吹万不同：风吹千万个窍穴所发出的声音各不相同。

㉜使其自己：意思是使它们自身发出各种各样的声音。一说“己”当作“已”，是停止的意思。

㉝咸：全。

㉞怒：这里是发动的意思。

原文

大知闲闲[1]，小知间间[2]；大言炎炎[3]，小言詹詹[4]。其寐也魂交[5]，其觉也形开[6]，与接为搆[7]，日以心斗：缦[8]者，窖[9]者，密[10]者。小恐惴惴[11]，大恐缦缦[12]。其发若机栝[13]，其司[14]是非之谓也；其留如诅盟[15]，其守胜之谓也；其杀[16]若秋冬，以言其日消也；其溺[17]之所为之，不可使复之也；其厌也如缄[18]，以言其老洫[19]也；近死之心，莫使复阳[20]也。喜怒哀乐，虑叹变慹[21]，姚佚启态[22]。乐出虚[23]，蒸成菌[24]。日夜相代[25]乎前，而莫知其所萌[26]。已[27]乎，已乎！旦暮得此[28]，其所由[29]以生乎！

非彼[30]无我，非我无所取[31]。是亦近[32]矣，而不知其所为使[33]。若有真宰[34]，而特不得其眹[35]。可行已信，而不见其形，有情[36]而无形。百骸[37]、九窍[38]、六藏[39]，赅[40]而存焉，吾谁与[41]为亲？汝皆说[42]之乎？其有私[43]焉？如是皆有为臣妾乎？其臣妾不足以相治乎？其递相为君臣乎？其有真君[44]存焉？如求得其情[45]与不得，无益损乎其真。一[46]受其成形，不亡以待尽[47]。与物相刃相靡[48]，其行尽如驰[49]，而莫之能止，不亦悲乎！终身役役[50]，而不见其成功，苶然疲役[51]，而不知其所归，可不哀邪！人谓之不死，奚益！其形化，其心与之然，可不谓大哀乎？人之生也，固若是芒[52]乎？其我独芒，而人亦有不芒者乎？

夫随其成心[53]而师之，谁独且无师乎？奚必知代而心自取者有之[54]？愚者与有焉！未成乎心而有是非，是今日适越而昔至也[55]。是以无有为有。无有为有，虽有神禹[56]，且不能知，吾独且奈何哉！

译文

才智超群的人广博豁达，只有点小聪明的人则乐于细察、斤斤计较；合于大道的言论就像猛火烈焰一样气焰凌人，拘于智巧的言论则琐细无方、没完没了。人们睡眠时神魂交构，醒来后身形开朗；跟外界交接相应，整日里钩心斗角。有的疏怠迟缓，有的高深莫测，有的辞慎语谨。小的惧怕惴惴不安，大的惊恐失魂落魄。有的人说话就好像利箭发自弩机快疾而又尖刻，那就是说是与非都由此而产生；有的人将心思存留心底就好像盟约誓言坚守不渝，那就是说持守胸臆坐待胜机；有的人衰败犹如秋冬的草木，这说明他们的精力消丧殆尽；有的人沉溺于所从事的各种事情，致使他们不可能再恢复到原有的情状；有的人心灵闭塞好像被绳索缚住，这说明他们衰老颓败，没法使他们恢复生气。他们欣喜、愤怒、悲哀、欢乐，他们忧思、叹惋、反复、恐惧，他们躁动轻浮、奢华放纵、情张欲狂、造姿作态。好像乐声从中空的乐管中发出，又像菌类由地气蒸腾而成。这种种情态日夜在面前相互对应地更换与替代，却不知道是怎么萌生的。算了吧，算了吧！一旦懂得这一切发生的道理，不就明白了这种种情态发生、形成的原因？

没有我的对应面就没有我本身，没有我本身就没法呈现我的对应面。这样的认识也就接近于事物的本质，然而却不知道这一切受什么所驱使。仿佛有“真宰”，却又寻不到它的端倪。可以去实践并得到验证，然而却看不见它的形体，真实的存在而又没有反映它的具体形态。众多的骨节，眼耳口鼻等九个孔窍和心脾肺肝肾等六脏，全都齐备地存在于我的身体，我跟它们哪一部分最为亲近呢？你对它们都同样喜欢吗？还是对其中某一部分格外偏爱呢？这样，每一部分都只会成为臣妾似的仆属吗？难道臣妾似的仆属就不足以相互支配了吗？还是轮流做君臣呢？难道果真有什么“真君”存在其间？无论寻求到真君与否，那都不会对它的真实存在有什么增益和损坏。人一旦禀承天地之气而形成形体，就不能忘掉自身而等待最后的消亡。他们跟外界环境或相互对立，或相互顺应，他们的行动全都像快马奔驰，没有什么力量能使他们止步，这不是很可悲吗？他们终身承受役使却看不到自己的成功，一辈子困顿疲劳却不知道自己的归宿，这能不悲哀吗？人们说这种人不会死亡，这又有什么益处？！人的形骸逐渐衰竭，人的精神和感情也跟着一块儿衰竭，这能不算是最大的悲哀吗？人生在世，本来就像这样迷昧无知吗？难道只有我才这么迷昧无知，而世人也有不迷昧无知的吗？

追随业已形成的偏执己见并把它当作老师，那么谁会没有老师呢？为什么必须通晓事物的更替并从自己的精神世界里找到资证的人才有老师呢？愚昧的人也会跟他们一样有老师啊。还没有在思想上形成主见就有是与非的观念，这就像今天到越国去而昨天就已经到达。这就是把没有当作有。没有就是有，即使圣明的大禹尚且不可能通晓其中的奥妙，我偏偏又能怎么样呢？

①闲闲：广博豁达的样子。

②间间（jiàn）：固执的样子。

③炎炎：猛烈。这里借猛火炎燎之势，比喻说话时气焰盛人。

④詹詹：言语琐细，说个没完。

⑤寐：睡眠。魂交：心灵驰躁，神魂交接。

⑥觉：睡醒。形开：头脑清醒。

⑦接：接触，这里指与外界环境接触。搆：交合的意思。

⑧缦（màn）：疏怠迟缓。

⑨窖：深沉，用心不可捉摸。

⑩密：隐秘、谨严。

⑪惴惴（zhuì）：恐惧不安的样子。

⑫缦缦：神情沮丧的样子。

⑬机：弩机，弩上的发射部位。栝（kuò）：箭杆末端扣弦部位。

⑭司：通“伺”，窥伺人之是非的意思。

⑮留：守住，指留存内心，与上句的“发”相对应。诅盟：誓约,结盟时的誓言。

⑯杀：肃杀，衰败。

⑰溺：沉湎。

⑱厌：通“压”，闭塞的意思。缄：绳索，这里是用绳索加以束缚的意思。

⑲洫（xù）：败坏。

⑳复阳：复生，恢复生机。

㉑虑：忧虑。叹：感叹。变：反复。慹（zhì）：恐惧。

㉒姚：轻浮躁动。佚（yì）：奢华放纵。启：这里指放纵情欲而不知收敛。态：这里是故作姿态的意思。

㉓乐：乐声。虚：中空的情态。

㉔蒸成菌：在暑热潮湿的条件下蒸腾而生各种菌类。

㉕相代：相互对应地更换与替代。

㉖萌：萌发、产生。

㉗已：止，算了。

㉘旦暮：昼夜，这里表示时间很短。此：指上述对立、对应的各种情态形成发生的道理，犹如乐出于虚，菌出于气，一切都形成于“虚”“无”。

㉙由：从，自。所由：产生的缘由。

㉚彼：指以上各种情态。

㉛取：资证，呈现。

㉜近：彼此接近。

㉝使：驱使。

㉞宰：主宰。真宰：指人的天性，身心的主宰者。

㉟特：但，只。眹（zhèn）：通“朕”，端倪、征兆。

㊱情：真，指事实上的存在。

㊲百：概数，言其多，非确指。骸：骨节。

㊳九窍：人体上九个可以向外张开的孔穴，指双眼、双耳、双鼻孔、口、生殖器、肛门。

㊴藏：内脏。心、肺、肝、脾、肾俗称五脏，肾有二，这就成了“六脏”。

㊵赅：齐备。

㊶谁与：与谁。

㊷说（yuè）：通“悦”，喜悦。

㊸私：偏私，偏爱。

㊹真君：对待“我”来说，“真君”即“真我”“真心”，对待社会的各种情态说，“真君”就是“真宰”。

㊺情：究竟，真实情况。

㊻一：一旦。

㊼亡：亦作“忘”，忘记。尽：耗竭、消亡。

㊽刃：刀口，这里喻指针锋相对的对立面。靡：倒下，这里是顺应的意思。

㊾驰：迅疾奔跑。

㊿役役：劳苦不休的样子。

51苶（nié）然：疲倦困顿的样子。疲役：犹言疲于役，为役使所疲顿，也有疲倦困顿的意思。

52芒：通作“茫”，迷昧无知。

53成心：业已形成的偏执之见。

(54)代：更改，变化。“知代”意思是懂得变化更替的道理。取：资证、取信的意思。

(55)这句是比喻，说明没有成见就已经出现是非观念。

(56)神禹：神明的夏禹。

原文

夫言非吹[1]也。言者有言，其所言者，特[2]未定也。果有言邪？其未尝有言邪？其以为异于鷇音[3]，亦有辩[4]乎？其无辩乎？道恶乎隐而有真伪？言恶乎隐而有是非[5]？道恶乎往而不存？言恶乎存而不可？道隐于小成[6]，言隐于荣华[7]。故有儒墨[8]之是非，以是其所非，而非其所是。欲是其所非，而非其所是，则莫若以明[9]。

物无非彼，物无非是[10]。自彼则不见，自知则知之。故曰：彼出于是，是亦因彼。彼是方生之说[11]也。虽然，方生方死[12]，方死方生；方可方不可，方不可方可；因是因非，因非因是[13]。是以圣人不由而照之于天[14]，亦因[15]是也。是亦彼也，彼亦是也。彼亦一[16]是非，此亦一是非，果[17]且有彼是乎哉？果且无彼是乎哉？彼是莫得其偶[18]，谓之道枢[19]。枢始得其环中[20]，以应无穷[21]。是亦一无穷，非亦一无穷也。故曰：莫若以明。

以指喻指之非指[22]，不若以非指喻指之非指也；以马喻马之非马[23]，不若以非马喻马之非马也。天地一指也，万物一马也。

可乎？可；不可乎？不可[24]。道行之而成，物谓之而然[25]。恶乎然[26]？然于然。恶乎不然？不然于不然。

物固有所然，物固有所可。无物不然，无物不可。故为是举莛与楹[27]，厉与西施[28]，恢恑憰怪[29]，道通为一[30]。

其分[31]也，成[32]也；其成也，毁[33]也。凡物无成与毁，复通为一。唯达[34]者知通为一，为是不用而寓诸庸[35]。庸也者，用也[36]；用也者，通也；通也者，得[37]也。适得而几矣[38]。因[39]是已，已[40]而不知其然，谓之道。劳神明为一而不知其同也[41]，谓之“朝三[42]”。何谓“朝三”？狙公赋芧[43]，曰：“朝三而暮四。”众狙皆怒。曰：“然则朝四而暮三”。众狙皆悦。名实未亏，而喜怒为用[44]，亦因是也。是以圣人和之以是非而休乎天钧[45]，是之谓两行[46]。

古之人，其知有所至矣。恶乎至[47]？有以为未始有物者，至矣，尽矣，不可以加矣！其次以为有物矣，而未始有封[48]也。其次以为有封焉，而未始有是非也。是非之彰也，道之所以亏也。道之所以亏，爱[49]之所以成。果且有成与亏乎哉？果且无成与亏乎哉？有成与亏，故昭氏之鼓琴也[50]；无成与亏，故昭氏之不鼓琴也。昭文之鼓琴也，师旷之枝策也[51]，惠子之据梧也[52]，三子之知，几[53]乎皆其盛者也，故载之末年[54]。唯其好之也[55]，以异于彼；其好之也，欲以明[56]之。彼非所明而明之，故以坚白之昧终[57]。而其子又以文之纶终[58]，终身无成。若是而可谓成乎？虽我亦成也[59]。若是而不可谓成乎？物与我无成也。是故滑疑[60]之耀，圣人之所图[61]也。为是不用而寓诸庸，此之谓以明。

译文

说话辩论并不像是吹风。善辩的人辩论纷纭，他们所说的话也不曾有过定论。果真说了些什么吗，还是不曾说过些什么呢？他们都认为自己的言谈不同于雏鸟的鸣叫，真有区别，还是没有什么区别呢？大道是怎么隐匿起来而有了真和假呢？言论是怎么隐匿起来而有了是与非呢？大道怎么会出现而又不复存在？言论又怎么存在而又不宜认可？大道被小小的成功所隐蔽，言论被浮华的辞藻所掩盖。所以就有了儒家和墨家的是非之辩，肯定对方所否定的东西而否定对方所肯定的东西。想要肯定对方所否定的东西而非难对方所肯定的东西，那么不如用事物的本然去加以观察而求得明鉴。

各种事物无不存在它自身对立的那一面，各种事物也无不存在它自身对立的这一面。从事物相对立的那一面看便看不见这一面，从事物相对立的这一面看就能有所认识和了解。所以说：事物的那一面出自事物的这一面，事物的这一面亦起因于事物的那一面。事物对立的两个方面是相互并存、相互依赖的。虽然这样，刚刚产生随即便是死亡，刚刚死亡随即便会复生；刚刚肯定随即就是否定，刚刚否定随即又予以肯定；依托正确的一面同时也就遵循了谬误的一面，依托谬误的一面同时也就遵循了正确的一面。因此圣人不走划分正误是非的道路而是观察比照事物的本然，也就是顺着事物自身的情态。事物的这一面也就是事物的那一面，事物的那一面也就是事物的这一面。事物的那一面同样存在是与非，事物的这一面也同样存在正与误。事物果真存在彼此两个方面吗？事物果真不存在彼此两个方面的区分吗？彼此两个方面都没有其对立的一面，这就是大道的枢纽。抓住了大道的枢纽也就抓住了事物的要害，从而顺应事物无穷无尽的变化。“是”是无穷的，“非”也是无穷的。所以说不如用事物的本然来加以观察和认识。

用组成事物的要素来说明要素不是事物本身，不如用非事物的要素来说明事物的要素并非事物本身；用白马来说明白马不是马，不如用非马来说明白马不是马。整个自然界不论存在多少要素，但作为要素而言却是一样的，各种事物不论存在多少具体物象，但作为具体物象而言也都是一样的。

能认可吗？一定有可以加以肯定的东西才可以认可；不可以认可吗？一定也有不可以加以肯定的东西才不能认可。道路是行走而成的，事物是人们称谓而就的。怎样才算是正确呢？正确在于其本身就是正确的。怎样才算是不正确呢？不正确的在于其本身就是不正确的。怎样才能认可呢？能认可在于其自身就是能认可的。怎样才不能认可呢？不能认可在于其本身就是不能认可的。事物原本就有正确的一面，事物原本就有能认可的一面，没有什么事物不存在正确的一面，也没有什么事物不存在能认可的一面。所以可以列举细小的草茎和高大的庭柱，丑陋的人和美丽的西施，宽大、奇变、诡诈、怪异等千奇百怪的各种事态来说明这一点，从“道”的观点看它们都是相通而浑一的。

旧事物的分解，亦即新事物的形成；新事物的形成，亦即旧事物的毁灭。所有事物并无形成与毁灭的区别，一切事物终归都是一样的。只有通达的人方才知晓事物相通而浑一的道理，因此不用固执地对事物作出这样那样的解释，而应把自己的观点寄托于平常的事理之中。所谓平庸的事理就是无用而有用；认识事物无用就是有用，这就算是通达；通达的人才是真正了解事物常理的人；恰如其分地了解事物常理也就接近于大道。顺应事物相通而浑一的本来状态，这样还不能了解它的究竟，这就叫作“道”。耗费心思才能认识事物浑然为一而不知事物本身就具有同一的性状和特点，这就叫“朝三”。什么叫作“朝三”呢？养猴人给猴子分橡子，说：“早上分给三升，晚上分给四升。”猴子们听了非常愤怒。养猴人便改口说：“那么就早上四升晚上三升吧。”猴子们听了都高兴起来。名义和实际都没有亏损，喜与怒却各为所用而有了变化，也就是因为这样的道理。因此，古代圣人把是与非混同起来，优游自得地生活在自然而又均衡的境界里，这就叫物与我各得其所，自行发展。

古时候的人，他们的智慧达到了最高的境界。如何才能达到最高的境界呢？那时有人认为，整个宇宙从一开始就不存在什么具体的事物，这样的认识是最了不起，最尽善尽美，而无以复加了。其次，认为宇宙之始是存在事物的，可是万事万物从不曾有过区分和界线。再其次，认为万事万物虽有这样那样的区别，但是却从不曾有过是与非的不同。是与非的显露，对于宇宙万物的理解也就因此出现亏损和缺陷，理解上出现亏损与缺陷，偏私的观念也就因此形成。果真有形成与亏缺吗？果真没有形成与亏缺吗？事物有了形成与亏缺，所以昭文才能够弹琴奏乐。没有形成和亏缺，昭文就不再能够弹琴奏乐。昭文善于弹琴，师旷精于乐律，惠施乐于靠着梧桐树高谈阔论，这三位先生的才智可说是登峰造极了！他们都享有盛誉，所以他们的事迹被记载并流传下来。他们都爱好自己的学问与技艺，因而跟别人大不一样；正因为爱好自己的学问和技艺，所以总希望能够表现出来。而他们将那些不该彰明的东西彰明于世，因而最终以石之色白与质坚均独立于石头之外的迷昧而告终。而昭文的儿子也学习鼓琴技艺，终生没有学会昭文鼓琴的本领。像这样就可以称作成功吗？那即使是我虽无成就也可说是成功了。像这样便不可以称作成功吗？外界事物和我本身就都没有成功。因此，各种迷乱人心的巧说辩言的炫耀，都是圣哲之人所鄙夷、摒弃的。所以说，各种无用均寄托于有用之中，这才是用事物的本然观察事物而求得真实的理解。

---

①吹：风吹。

②特：但，只。

③彀（kòu）音：刚刚破卵而出的鸟的叫声。比喻不带任何含义的话语。

④辩：通“辨”，分辨、区别。

⑤恶（wū）：何，怎么。隐：隐秘，藏匿。

⑥成：成就。小成：指一时的、局部的成功。

⑦荣华：木草之花，这里喻指华丽的辞藻。

⑧儒墨：儒家和墨家，战国时期两个政治和哲学流派。

⑨莫若以明：不如抛弃儒、墨的是非，用虚静之心去观察事物，明于大道。

⑩是：此。

⑪方生之说：惠施的“方生方死”的说法，指万事万物在不断地出生成长，也在不断地死亡消失。

⑫方：始，随即。

⑬因：遵循，依托。

⑭由：自，经过。一说用，“不由”就是不用。照：观察。天：这里指事物的自然，即本然。

⑮因：顺着。

⑯一：同一，同样。

⑰果：果真。

⑱偶：对，对立面。

⑲枢：枢要。道枢：大道的关键之处。庄子认为，彼和此是事物对立的两个方面，如果彼和此都失去了相对立的一面，那么这就是道的枢要，即齐物以至齐论的关键。一切都出自虚无，一切都归于虚无，还有不“齐物”和“齐论”的吗？

⑳环中：环的中心。“得其环中”喻指抓住要害。

㉑应：适应，顺应。穷：尽。

㉒指：组成事物的要素。喻：说明。

㉓以马喻马之非马：以白马来说明白马不是马。

㉔“可乎可”两句：意思是人认为可以，我也认为可以；人认为不可以，我也认为不可以。

㉕谓：称谓、称呼。然：这样。

㉖然：对的、正确的。

㉗莛（tíng）：草茎。楹（yíng）：厅堂前的木柱。“莛”“楹”为对文，代指物之细小者和巨大者。

㉘厉：通作“疠”，指皮肤溃烂，这里指丑陋的人。西施：吴王的美姬，古代著名的美人。

㉙恢：宏大。恑（guǐ）：通“诡”，奇变。憰（jué）：通“谲”，诡诈。怪：怪异。“恢恑憰怪”四字连在一起，概指千奇百怪的各种事态。

㉚一：浑一，一体。联系上文，庄子认为世上一切小与大、丑与美、千差万别的各种情态或各种事物，都是相通而又处在对立统一体内，从这一观点出发，世上一切事物就不会不“齐”，不会不具有某种共同性。

㉛分：分开、分解。

㉜成：生成、形成。“成”和“分”也是相对立的，一个事物被分解了，这就意味着生成一新的事物。

㉝毁：毁灭，指失去了原有的状态。“毁”与“成”也是相对立的，一个新事物通过分解而生成了，这就意味着原事物的本有状态必定走向毁灭。

㉞达：通达。“达者”这里指通晓事理的人。

㉟为是不用：为了这个缘故不用固执己见；“不用”之后有所省略，即一定把物“分”而“成”的观点，也就是不“齐”的观点。寓：寄托。诸：即“之于”。庸：指平常之理。

㊱庸也者，用也：意思是以众人的好恶为好恶。

㊲得：中，合乎常理。一说自得。

㊳适：恰。几：接近。

㊴因：顺应。是：此，这里指上述“为一”的观点，即物之本然而不要去加以分别的观点。

㊵已：这里是一种特殊的省略，实指前面整句话，“已”当讲作“因是已”。

㊶劳：操劳、耗费。神明：心思，指精神和才智。为一：了解、认识事物浑然一体、不可分割的道理。其言外之意是事物本来就是浑然一体，并不需要去辨求。同：具有同一的性状和特点。

㊷朝三：朝是早晨，三表示数量，即三升。“朝三”“暮四”或者“朝四”“暮三”，其总和皆为“七”，这里借此譬喻名虽不一，实却无损，总都归结为“一”。

㊸狙（jū）：猴子。狙公：养猴子的人。赋：给予。芧（xù）：橡子。

㊹亏：亏损。为用：为之所用，意思是喜怒因此而有所变化。

㊺和：调和、混用。“和之以是非”即“以是非和之”，把是和非混同起来。休：息，止。钧：通“均”。“天钧”即自然而又均衡。

㊻两行：物与我，即自然界与自我的精神世界都能各得其所，自行发展。

㊼至：造极，最高的境界。

㊽封：疆界、界线。

㊾爱：偏爱，私爱。

㊿昭氏：即昭文，以善于弹琴著称。鼓：弹。庄子认为，音本是一个整体，没有高低长短之分就无法演奏，任何高明的琴师都不可能同时并奏各种各样的声音，正因为分出音的高低长短才能在琴弦上演奏出来。

51师旷：晋平公时著名乐师。枝策：用作动词，用枝或策叩击拍节，犹如今天的打拍子。

⑫惠子：惠施，古代名家学派的著名人物。据：依。梧：树名。惠施善辩，“据梧”意思就是靠着梧桐树高谈阔论。

⑬几：尽，意思是达到了顶点。

⑭载：事，从事。末年：晚年。

⑮好（hào）：喜好。“好之”意思是各自喜好自己的专长和学识。

⑯明：明白、表露。

⑰坚白：指石的颜色白而质地坚，但“白”和“坚”都独立于“石”之外。公孙龙曾有“坚白论”之说，庄子是极不赞成的。昧：迷昧。

⑱其子：指昭文之子。一说指惠施之子。纶：琴瑟之弦，代指鼓琴。

⑲这句语意有所隐含，意思是“虽我无成亦成也”，即如果上述情况都叫有所成就的话，即使是我没有什么成就也可说有了成就了。

⑳滑疑：能言善辩，能乱是非异同。

㉑图：摒弃。

原文

今且有言于此，不知其与是类乎，其与是不类乎？类与不类，相与为类[1]，则与彼无以异矣。虽然，请尝[2]言之。有始也者，有未始有始也者，有未始有夫未始有始也者。有有也者，有无也者，有未始有无也者，有未始有夫未始有无也者。俄而[3]有无矣，而未知有无之果孰有孰无也。今我则已有谓[4]矣，而未知吾所谓之其果有谓乎，其果无谓乎？

天下莫大于秋豪之末[5]，而太山[6]为小；莫寿于殇子[7]，而彭祖为夭[8]。天地与我并生，而万物与我为一。既已为一矣，且得有言乎？既已谓之一矣，且得无言乎？一与言为二，二与一为三。自此以往，巧历[9]不能得，而况其凡[10]乎！故自无适[11]有，以至于三，而况自有适有乎！无适焉，因是已[12]！

夫道未始有封[13]，言未始有常[14]，为是而有畛也[15]。请言其畛：有左有右，有伦有义[16]，有分有辩，有竞有争，此之谓八德[17]。六合[18]之外，圣人存而不论；六合之内，圣人论而不议[19]；春秋经世先王之志[20]，圣人议而不辩。

故分也者，有不分也；辩也者，有不辩也。曰，何也？圣人怀[21]之，众人辩之以相示[22]也。故曰，辩也者，有不见也。

夫大道不称[23]，大辩不言，大仁不仁，不廉不嗛[24]，不勇不忮[25]。道昭[26]而不道，言辩而不及[27]，仁常而不成，廉清而不信，勇忮而不成。五者园而几向方矣[28]！故知止其所不知，至矣。孰知不言之辩，不道之道？若有能知，此之谓天府[29]。注[30]焉而不满，酌焉而不竭[31]，而不知其所由来，此之谓葆光[32]。

译文

现在暂且在这里说一番话，不知道这些话跟其他人的谈论是相同的呢，还是不相同的呢？相同的言论与不相同的言论，既然相互间都是言谈议论，从这一意义说，不管其内容如何也就是同类的了。虽然这样，还是请让我试着把这一问题说一说。宇宙万物有它的开始，同样有它未曾开始的开始，还有它未曾开始的未曾开始的开始。宇宙之初有过这样那样的“有”，但也有个“无”，还有个未曾有过的“无”，同样也有个未曾有过的未曾有过的

“无”。突然间生出了“有”和“无”，却不知道“有”与“无”谁是真正的“有”，谁是真正的“无”。现在我已经说了这些言论和看法，但却不知道我所说的言论和看法是我果真说过的言论和看法呢，还是果真没有说过的言论和看法呢?

天下没有什么比秋毫的末端更大，而泰山算是最小；世上没有什么人比夭折的孩子更长寿，而传说中年寿最长的彭祖却是短命的。天地与我共生，万物与我为一体。既然已经浑然为一体，还能够有什么议论和看法？既然已经称作一体，那还能算是没有什么议论和看法？客观存在的一体加上我的议论和看法就成了“二”，“二”如果再加上一个“一”就成了“三”。以此类推，最精明的计算也不可能求得最后的数字，何况大家都是凡夫俗子！所以，从无到有乃至推到“三”，更何况从“有”推演到“有”呢?没有必要这样地推演下去，还是顺应事物的本然吧。

所谓真理从不曾有过界线，言论也不曾有过定准，只因为各自认为只有自己的观点和看法才是正确的，这才有了这样那样的界线和区别。请让我谈谈那些界线和区别：有左有右，有序列有等别，有分解有辩驳，有竞比有相争，这就是所谓的“八德”。天地四方宇宙之外的事，圣人总是存而不论；宇宙之内的事，圣人虽然细加研究，却不随意评说。至于古代历史上善于治理社会的前代君王们的记载，圣人虽然有所评说却不争辩。

可知有分别就因为存在不能分别，有争辩也就因为存在不能辩驳。有人会说，这是为什么呢？圣人把事物都囊括于胸、容藏于己，而一般人则争辩不休夸耀于外，所以说，大凡争辩，总因为有自己所看不见的一面。

至高无上的真理是不必称扬的，最了不起的辩说是不必言说的，最具仁爱的人是不必向人表示仁爱的，最廉洁方正的人是不必表示谦让的，最勇敢的人是从不伤害他人的。真理完全表露于外那就不算是真理，逞言肆辩总有表达不到的地方，仁爱之心经常流露反而成就不了仁爱，廉洁到清白的极点反而不太真实，勇敢到随处伤人也就不能成为真正勇敢的人。这五种情况就好像着意求圆却几近成方一样。因此懂得停止于自己所不知晓的境域，那就是绝顶的明智。谁能真正通晓不用言语的辩驳、不用称说的道理呢？假如有谁能够知道，这就是所说的自然生成的府库。无论注入多少东西，它不会满盈，无论取出多少东西，它也不会枯竭，而且也不知这些东西出自哪里，这就叫作潜藏不露的光亮。

---

①类：同类、相同。

②尝：试。

③俄而：突然。

④谓：评说、议论。以下几句中的“谓”同此解。

⑤于：比。豪：通作“毫”，细毛。末：末稍。秋豪之末，比喻事物的细小。

⑥太山：即泰山。

⑦殇（shāng）子：未成年而死的人。

⑧夭：夭折，短命。

⑨历：历数，计算。

⑩凡：平凡，这里指普通的人。

⑪适：推算。

⑫因：顺应。已：矣。

⑬封：界线，分别。

⑭常：定见，定论。

⑮是：对的，正确的；“为是”，意思是各自认为自己是正确的。畛（zhěn）：田地里的界路，这里泛指事物、事理间的界线。

⑯伦：次序。义：通“仪”，仪则。

⑰八德：八类才能。

⑱六合：天、地和东、西、南、北四方。

⑲论：研究。议：评说。

⑳春秋：这里泛指古代历史，并非指战国以前的那一段历史年代。经世：经纶世事，这是用调理织物来喻指治理社会。志：记载。

㉑怀：囊括于胸，指不去分辨物我和是非，把物与我、是与非都容藏于身。

㉒示：显示，这里含有夸耀于外的意思。

㉓称：举称、宣扬的意思。

㉔嗛（qiān）：通“谦”，谦逊。

㉕忮（zhì）：伤害。

㉖昭：明；这里指明白无误地完全表露出来。

㉗不及：达不到，这里指言论表达不到的地方。

㉘园：通“圆”，这里指做圆、求圆解。几：近，近似。“园而几向方”，意思是求圆却近似于方，比喻事与愿违。

㉙府：储存财物的地方。天府：指自然生成的府库，也就是整个宇宙。

㉚注：注入。

㉛酌：舀取。竭：尽。

㉜葆（bǎo）：藏，隐蔽。“葆光”，即潜隐光亮而不露。

原文

故昔者，尧问于舜曰：“我欲伐宗、脍、胥敖[①]，南面而不释然[②]。其故何也？”舜曰：“夫三子者[③]，犹存乎蓬艾之间[④]。若[⑤]不释然，何哉？昔者十日并出[⑥]，万物皆照，而况德之进[⑦]乎日者乎！”

啮缺问乎王倪曰[⑧]：“子知物之所同是[⑨]乎？”曰：

“吾恶乎知之！”“子知子之所不知邪？”曰：“吾恶乎知之！”“然则物无知邪？”曰：“吾恶乎知之！虽然，尝试言之。庸讵[10]知吾所谓知之非不知邪？庸讵知吾所谓不知之非知邪？且吾尝试问乎女[11]：民湿寝则腰疾偏死[12]，鳅[13]然乎哉？木处则惴栗恂惧[14]，猿猴然[15]乎哉？三者孰知正处？民食刍豢[16]，麋鹿食荐[17]，蝍蛆甘带[18]，鸱鸦耆鼠[19]，四者孰知正味？猿猵狙以为雌[20]，麋与鹿交，鳅与鱼游[21]。毛嫱、丽姬[22]，人之所美也，鱼见之深入，鸟见之高飞，麋鹿见之决骤[23]。四者孰知天下之正色哉？自我观之，仁义之端[24]，是非之涂[25]，樊然淆乱[26]，吾恶能知其辩[27]！”

啮缺曰：“子不知利害，则至人[28]固不知利害乎？”王倪曰：“至人神[29]矣！大泽[30]焚而不能热，河汉沍而不能寒[31]，疾雷[32]破山、飘风[33]振海而不能惊。若然者，乘云气，骑日月，而游乎四海之外，死生无变于己[34]，而况利害之端乎！”

译文

从前，尧曾向舜问道：“我想征伐宗、脍、胥敖三个小国，每当上朝理事总是心绪不宁，是什么原因呢？”舜回答说：“那三个小国的国君，就像生存在蓬蒿艾草之中。你总是耿耿于怀，心神不宁，这是为什么呢？过去十个太阳一块儿升起，万物都在阳光普照之下，何况你崇高的德行又远远超过了太阳的光辉呢！”

啮缺问王倪：“你知道各种事物相互间总有共同的地方吗？”王倪说：“我怎么知道呢！啮缺又问：“你知道你所不知道的东西

吗？”王倪回答说：“我怎么知道呢！”啮缺接着又问：“那么各种事物便都无法知道了吗？”王倪回答：“我怎么知道呢！虽然这样，我还是试着来回答你的问题。你怎么知道我所说的知道不是不知道呢？你又怎么知道我所说的不知道不是知道呢？我还是先问一问你：人们睡在潮湿的地方就会腰部患病甚至酿成半身不遂，泥鳅也会这样吗？人们住在高高的树木上就会心惊胆战、惶恐不安，猿猴也会这样吗？人、泥鳅、猿猴三者究竟谁最懂得居处的标准呢？人以牲畜的肉为食物，麋鹿食草芥，蜈蚣嗜吃小蛇，猫头鹰和乌鸦则爱吃老鼠，人、麋鹿、蜈蚣、猫头鹰和乌鸦这四类动物究竟谁才懂得真正的美味？猿猴把猵狚当作配偶，麋喜欢与鹿交配，泥鳅则与鱼交尾。毛嫱和丽姬，是人们称道的美人了，可是鱼儿见了她们深深潜入水底，鸟儿见了她们高高飞向天空，麋鹿见了她们撒开四蹄飞快地逃离。人、鱼、鸟和麋鹿四者究竟谁才懂得天下真正的美色呢？以我来看，仁与义的端绪，是与非的途径，都纷杂错乱，我怎么能知晓它们之间的分别！”

啮缺说：“你不了解利与害，道德修养高尚的至人难道也不知晓利与害吗？”王倪说：“进入物我两忘境界的至人实在是神妙不可测啊！林泽焚烧不能使他感到热，黄河、汉水封冻了不能使他感到冷，迅疾的雷霆劈山破岩、狂风翻江倒海不能使他感到震惊。假如这样，便可驾驭云气，骑乘日月，在四海之外遨游，死和生对于他自身都没有变化，何况利与害这些微不足道的小事呢！”

---

①宗、脍、胥敖：三个小国名。

②南面：南向。古代帝王的座位是南向的，故以南面指帝位。这里指君

主临朝听政。不释然：谓放心不下。

③三子者：指上述三国的国君。

④蓬艾：两种草名。“存乎蓬艾之间”，比喻国家处于偏小卑微之地。

⑤若：你。

⑥十日并出：指古代寓言中十个太阳一齐出来的故事，庄子借此比喻阳光普照到每一个地方。

⑦进：进了一步，具有超过、胜过的意思。

⑧啮（niè）缺、王倪：传说中的古代贤人，实为庄子寓言故事中虚拟的人物。

⑨所同是：意思是相互间共同的地方。

⑩庸讵：怎么，哪里。

⑪女：通“汝”，你。

⑫湿寝：在潮湿的地方寝卧。偏死：偏瘫，即半身不遂。偏：通“㾫”，半枯。

⑬鳝（qiū）：“鳅”字的异体，即泥鳅。

⑭木处：在高高的树木上居住。惴、栗、恂（xún）、惧：四字都是恐惧、惧怕的意思。

⑮然：这样。

⑯刍（chú）：草，这里指食草的家畜。豢（huàn）：养，这里指用粮食喂养的家畜。

⑰麋（mí）：一种食草的珍贵兽类，与鹿同科。荐（jiàn）：美草。

⑱蝍蛆（jí jū）：蜈蚣。甘：甜美，嗜好；这里作动词，爱吃。带：小蛇。“甘带”，意思是以小蛇为美食。

⑲鸱（chī）：猫头鹰。耆：通“嗜”，嗜好，喜爱。

⑳猵狙（biān jū）：一种类似猿猴的动物。“猿猵狙以为雌”，即“猿以猵狙为雌”。

㉑游：交尾。

㉒毛嫱（qiáng）、丽姬：古代著名的美人。

㉓决骤：迅疾的样子。

㉔端：端绪。

㉕涂：通“途”，道路，途径。

㉖樊然：杂乱的样子。淆（yáo）：混杂。

㉗辩：通“辨”，分别、区分。

㉘至人：这里指能够达到忘我境界的、道德修养极高的人。

㉙神：神妙不测。

㉚泽：聚水的洼地。泽地水源充足，灌木生长茂密。

㉛河：黄河。汉：汉水。沍（hù）：河水冻结。

㉜疾雷：炸雷。

㉝飘风：大风。

㉞己：自身，指至人。

原文

瞿鹊子问乎长梧子曰①：“吾闻诸夫子②：圣人不从事于务③，不就④利，不违⑤害，不喜求，不缘⑥道，无谓⑦有谓，有谓无谓，而游乎尘垢之外。夫子以为孟浪⑧之言，而我以为妙道之行也。吾子以为奚若⑨？”

长梧子曰：“是皇帝之所听荧⑩也，而丘也何足以知之！且女亦大早计⑪，见卵而求时夜⑫，见弹而求鸮炙⑬。予尝为女妄言之，女以妄听之。奚旁日月⑭，挟⑮宇宙，为其吻合，置其滑涽⑯，以隶⑰相尊。众人役役⑱，圣人愚芚⑲，参万岁而一成纯⑳。万物尽㉑然，而以是相蕴㉒。予恶乎知说㉓生之非惑邪！予恶乎知恶死之非弱丧而不知归者邪㉔！

“丽之姬㉕，艾封人之子也㉖。晋国之始得之也，涕泣沾襟。及㉗其至于王所，与王同筐床㉘，食刍豢，而后悔其泣也。予恶乎知夫死者不悔其始之蕲[29]生乎？梦饮酒者，旦而哭泣；梦哭泣者，旦而田猎[30]。方[31]其梦也，不知其梦也。梦之中又占其梦焉，觉而后知其梦也。且有大觉而后知此其大梦也。而愚者自以为觉，窃窃然[32]知之。君乎！牧乎！固哉[33]丘也！与女皆梦也，予谓女梦，亦梦也。是其言也，其名为吊诡[34]。万世之后，而一遇大圣[35]，知其解者，是旦暮[36]遇之也。

“即使我与若辩矣[37]，若胜我，我不若胜[38]，若果是也，我果非也邪？我胜若，若不吾胜，我果是也，而[39]果非也邪？其或是也。其或非也邪？其俱是也，其俱非也邪？我与若不能相知也，则人固受其黮暗[40]，吾谁使[41]正之？使同乎若者正之？既与若同矣，恶能正之？使同乎我者正之？既同乎我矣，恶能正之？使异乎我与若者正之？既异乎我与若矣，恶能正之？使同乎我与若者正之？既同乎我与若矣，恶能正之？然则我与若与人俱不能相知也，而待彼[42]也邪？”

“何谓和之以天倪？曰：是不是，然不然。是若果是也，则是之异乎不是也，亦无辩；然若果然也，则然之异乎不然也，亦无辩。化声[43]之相待，若其不相待，和之以天倪[44]，因之以曼衍[45]，所以穷年也[46]。忘年忘义[47]，振于无竞[48]，故寓[49]诸无竞。”

译文

瞿鹊子向长梧子问道：“我从孔夫子那里听到这样的谈论：圣人不从事琐细的事务，不追逐私利，不回避灾害，不喜好贪求，不因循成规；没说什么又好像说了些什么，说了些什么又好像什么也没有说，因而遨游于世俗之外。孔夫子认为这些都是轻率不当的言论，而我却认为是精妙之道的实践和体现。先生你认为怎么样呢？”

长梧子说：“这些话黄帝也会疑惑不解的，而孔丘怎么能够知晓呢！而且你也谋虑得太早，就好像见到鸡蛋便想立即得到报晓的公鸡，见到弹子便想立即获取烤熟的斑鸠肉。我姑且给你随便说一说，你也就随便听一听。怎么不依傍日月，怀藏宇宙？跟万物浑然为一体，置各种混乱纷争于不顾，把卑贱与尊贵都等同起来。人们总是一心忙于去争辩是非，圣人却好像十分愚昧无所觉察，糅合古往今来多少变异、沉浮，自身却浑成一体，不为纷杂错异所困扰。万物全都是这样，而且因为这个缘故相互蕴积于浑朴而又精纯的状态之中。我怎么知道贪恋活在世上不是困惑呢？我又怎么知道厌恶死亡不是年幼流落他乡而老大还不知回归呢？

“丽姬是艾地封疆守土之人的女儿，晋国征伐丽戎时俘获了她，她当时哭得泪水浸透了衣襟；等她到晋国进入王宫，跟晋侯同睡一床得宠成为夫人，吃上美味珍馐，也就后悔当初不该那么伤心地哭泣了。我又怎么知道那些死去的人不会后悔当初的求生呢？睡梦里饮酒作乐的人，天亮醒来后很可能痛哭饮泣；睡梦中痛哭饮泣的人，天亮醒来后又可能在欢快地逐围打猎。正当他在做梦的时候，他并不知道自己是在做梦。睡梦中还会卜问所做之梦的吉凶，醒来以后方知是在做梦。人在最为清醒的时候方知道他自身也是一场大梦，而愚昧的人则自以为清醒，好像什么都知晓，什么都明了。愚昧的人在喊叫：‘高贵的君主呀！卑贱的牧夫呀！”孔丘真是固执鄙陋得很呀！我和你都是在做梦，我说你们在做梦，其实我也在做梦。上面讲的这番话，它可以叫作奇谈怪论。万世之后，假若一朝遇上一位大圣人，悟出上述一番话的道理，这恐怕也是偶而遇上的吧！

“倘使我和你展开辩论，你胜了我，我没有胜你，那么，你果真对，我果真错吗？我胜了你，你没有胜我，我果真对，你果真错吗？难道我们两人有谁是正确的，有谁是不正确的吗？难道我们两人都是正确的，或都是不正确的吗？我和你都无从知道，而世人原本也都承受着蒙昧与晦暗，我们又能让谁作出正确的裁定？让观点跟你相同的人来判定吗？既然看法跟你相同，怎么能作出公正的评判？让观点跟我相同的人来判定吗？既然看法跟我相同，怎么能作出公正的评判？让观点不同于我和你的人来判定吗？既然看法不同于我和你，怎么能作出公正的评判？让观点跟我和你都相同的人来判定吗？既然看法跟我和你都相同，又怎么能作出公正的评判？如此，那么我和你跟大家都无从知道这一点，而是等待造化来评定吗？

“什么叫调和自然的分际呢？对的也就像是不对的，正确的也就像是不正确的。对的假如果真是对的，那么对的不同于不对的，这就不需要去争辩；正确的假如果真是正确的，那么正确的不同于不正确的，这也不需要去争辩。辩论中的不同言辞跟变化中的不同声音一样相互对立，就像没有相互对立一样，都不能相互作出公正的评判。用自然的分际来调和它，用无尽的变化来顺应它，还是用这样的办法来了此一生吧。忘掉死生，忘掉是非，到达无穷无尽的境界，因此圣人总把自己寄托于无穷无尽的境域之中。”

①瞿鹊子、长梧子：都是虚构的人名。

②夫子：指孔子。

③务：事务，指俗事。

④就：趋赴，追求。

⑤违：避开。

⑥缘：因循。

⑦谓：说，言谈。

⑧孟浪：言语轻率不当。

⑨吾子：先生。奚若：何如，怎么样。

⑩皇帝：又作“黄帝”。听荧（yíng）：闻之疑惑不明。

⑪大早：过早。计：考虑。

⑫时夜：司夜，即报晓的鸡。

⑬鸮（xiāo）：一种肉质鲜美的鸟，俗名斑鸠。炙：烤肉。

⑭奚：怎么不。旁（bàng）：依傍。

⑮挟：怀抱。

⑯置：任。滑（gǔ）：通“汩”，淆乱。涽（hūn）：暗。

⑰隶：奴仆，这里指地位卑贱的人。

⑱役役：意思是一心忙于分辨所谓的是与非。

⑲芚（chūn）：浑然无所觉察和识别的样子。

⑳参：糅杂，调和。万岁：年代久远。参万岁，意思是糅合历史的长久变异与沉浮。纯：精粹不杂，指不为纷乱和差异所乱。

㉑尽：皆、全。

㉒以是：因此，因为这个缘故。蕴：积。

㉓说（yuè）：通“悦”，喜悦。

㉔恶死：讨厌死亡。弱：年少。丧（sàng）：丧失，这里指流离失所。弱丧：自幼丧失家乡的人。

㉕丽：丽戎，春秋时的小国。姬：美女。丽之姬，即丽姬，宠于晋献

公，素以美貌称于世。

㉖艾：地名。封人：封疆守土的人。子：女儿。

㉗及：等到。

㉘筐床：方正而又安适的床。

㉙蕲（qí）：通“祈”，求的意思。

㉚田猎：打猎。田：通“畋”。

㉛方：正当。

㉜窃窃然：明察的样子。

㉝牧：牧夫，养马的人，指所谓卑贱的人，与高贵的“君”相对。固：固执、鄙陋。

㉞吊诡：奇特、怪异。吊：至。诡：怪。

㉟大圣：指最清醒的圣人。

㊱旦暮：很短的时间，含有偶然的意思。

㊲若：你，即说话人的对方瞿鹊子；“我”则为说话人长梧子。

㊳不若胜：即不胜你。

㊴而：通“尔”，你。

㊵黮暗：昏暗不明的样子。

㊶谁使：使谁。

㊷彼：指造化。

㊸化声：变化的声音，这里指是非不同的言论。

㊹倪：分，“天倪”即天然的分际。

㊺因：顺应。曼衍：变化发展。

㊻所以：用这样的办法来……。穷：尽，终了。穷年：享尽天年。

㊼年：概指生死。义：概指是非。

㊽振：振动，鼓舞。竟：通“境”，境界、境地。

㊾寓：寄托。

原文

罔两问景曰[1]："曩[2]子行，今子止；曩子坐，今子起。何其无特操与[3]？"景曰："吾有待[4]而然者邪？吾所待又有待而然者邪？吾待蛇蚹蜩翼邪[5]？恶识所以然？恶识所以不然？"

昔者庄周梦为胡蝶[6]，栩栩然[7]胡蝶也。自喻适志与[8]！不知周也。俄然[9]觉，则蘧蘧然[10]周也。不知周之梦为胡蝶与？胡蝶之梦为周与？周与胡蝶则必有分矣。此之谓物化[11]。

译文

影子之外的微阴问影子："先前你行走，现在又停下；以往你坐着，如今又站了起来。你怎么没有自己独立的操守呢？"影子回答说："我是有所依凭才这样的吗？我所依凭的东西又有所依凭才这样的吗？我所依凭的东西难道像蛇的蚹鳞和鸣蝉的翅膀吗？我怎么知道因为什么缘故会是这样？我又怎么知道因为什么缘故而不会是这样？"

过去庄周梦见自己变成蝴蝶，欣然自得地飞舞着的一只蝴蝶，感到多么愉快和惬意啊！不知道自己原本是庄周。突然间醒过来，惊惶不定之间才知道原来自己是庄周。不知是庄周梦中变成蝴蝶呢，还是蝴蝶梦见自己变成庄周呢？庄周与蝴蝶那必定是有区别的。这就可叫作万物化而为一。

①罔两：影子之外的微阴。景：通“影”，影子。

②曩（nǎng）：以往，从前。

③特：独。操：操守。

④待：依靠，凭借。

⑤蚹（fù）：鳞皮。蜩：蝉。

⑥昔者：从前。胡蝶：即“蝴蝶”。

⑦栩（xǔ）栩然：欣然自得的样子。

⑧喻：晓，觉得。适志：合乎心意，心情愉快。

⑨俄然：突然。

⑩蘧（jú）蘧然：惊醒的样子。

⑪物化：事物自身的变化。根据本段文意，所谓变化即外物与自我的交合，推进一步，一切事物也都将浑而为一。

养生主

此篇重在谈养生。文章不长，结构为总分式。首先提出“缘督以为经”的论点，并认为这是保身、全生、养亲、尽年的根本之道。其后文章分两部分来阐明养生之道：一是借庖丁神乎其技的解牛过程来说明顺其自然的养生之道，我们可以称之为“顺生”。一是借秦失给老聃吊孝引出“遁天之刑”和“县解”的概念。遁天之刑和县解归根到底是遁天倍情，忘其所受，安时而处顺。养生和忘情均是顺其自然的表现。文中穿插了两个小寓言：右师天生一足，泽雉不蕲蓄养笼中。此二者均是对顺其自然这一论点的补充和加强。

原文

吾生也有涯①，而知②也无涯。以有涯随③无涯，殆已④！已而⑤为知者，殆而已矣！为善无近⑥名，为恶无近刑，缘督以为经⑦，可以保身，可以全生⑧，可以养亲⑨，可以尽年⑩。

译文

人们的生命是有限的，而知识却是无限的。以有限的生命去追求无限的知识，势必体乏神伤，既然如此还在不停地追求知识，那可真是十分危险的了！做了世人所谓的善事却不去贪图名声，做了世人所谓的恶事却不至于面对刑戮的屈辱。遵从自然的中正之路并把它作为顺应事物的常法，这就可以护全身体，就可以保全性命，就可以赡养双亲，享尽天年了。

---

①涯：边际，极限。

②知：知识，才智。

③随：追随，索求。

④殆：危险，这里指陷于困窘的境地。已：通“矣”。

⑤已：既。已而：意思是既然已经窘困。

⑥近：接近，这里含有追求、贪图的意思。

⑦缘：顺着，遵循。督：中，正道。中医有奇经八脉之说，所谓督脉即身背之中脉，具有总督诸阳经之作用；“缘督”就是顺从自然之中道的意思。经：常。

⑧生：性命。“全生”意思是保全性命。

⑨养亲：赡养双亲。

⑩尽年：终享天年，不使夭折。

原文

庖丁为文惠君解牛①，手之所触②，肩之所倚③，足之所履④，膝之所踦⑤，砉然向然⑥，奏刀騞然⑦，莫不中音⑧，合于《桑林》之舞⑨，乃中《经首》之会⑩。

文惠君曰："嘻[11]，善哉！技盖[12]至此乎？"庖丁释[13]刀对曰："臣之所好者道也[14]，进[15]乎技矣。始臣之解牛之时，所见无非全牛者。三年之后，未尝见全牛也。方今之时，臣以神[16]遇而不以目视，官知[17]止而神欲行。依乎天理[18]，批大郤[19]，导大窾[20]，因其固然[21]；技经肯綮之未尝[22]，而况大軱[23]乎！良庖岁更刀[24]，割也；族庖[25]月更刀，折[26]也；今臣之刀十九年矣，所解数千牛矣，而刀刃若新发于硎[27]。彼节者有间[28]，而刀刃者无厚，以无厚入有间，恢恢乎其于游刃必有余地矣[29]。是以十九年而刀刃若新发于硎。虽然，每至于族[30]，吾见其难为，怵然[31]为戒，视为止，行为迟，动刀甚微。謋[32]然已解，如土委[33]地。提刀而立，为之四顾，为之踌躇满志[34]，善[35]刀而藏之。"文惠君曰："善哉！吾闻庖丁之言，得养生焉[36]。"

译文

厨师给文惠君宰杀牛，分解牛体时手接触的地方，肩靠着的地方，脚踩踏的地方，膝抵住的地方，都发出砉砉的声响，快速进刀时刷刷的声音，无不像美妙的音乐旋律，符合《桑林》舞曲的节奏，又合于《经首》乐曲的乐律。

文惠君说："嘻，妙呀！技术怎么达到如此高超的地步呢？"厨师放下刀回答说："我所喜好的是摸索事物的规律，比起一般的技术、技巧又进了一层。我开始分解牛体的时候，所看见的没有不是一头整牛的。几年之后，就不曾再看到整体的牛了。现在，我只用心神去接触而不必用眼睛去观察，眼睛的官能似乎停了下来而精神世界还在不停地运行。依照牛体自然的生理结构，劈击肌肉骨骼间大的缝隙，把刀导向那些骨节间大的空处，顺着牛体的天然结构去解剖；从不曾碰撞过经络结聚的部位和筋骨紧密连接的地方，何况那些大骨头呢！优秀的厨师一年更换一把刀，因为他们是在用刀割肉；普通的厨师一个月就更换一把刀，因为他们是在用刀砍骨头。如今我使用的这把刀已经十九年了，所宰杀的牛上千头了，而刀刃锋利就像刚从磨刀石上磨过一样。牛的骨节乃至各个组合部位之间是有空隙的，而刀刃几乎没有什么厚度，用薄薄的刀刃插入有空隙的骨节和组合部位间，对于刀刃的运转和回旋来说那是多么宽绰而有余地呀。所以我的刀使用了十九年，刀锋仍像刚从磨刀石上磨过一样。虽然这样，每当遇上筋腱、骨节结聚交错的地方，我看到难以下刀，为此而格外谨慎不敢大意，目光专注，动作迟缓，动刀十分轻微。牛体霍霍地全部分解开来，就像是一堆泥土堆放在地上。我于是提着刀站在那儿，为此而环顾四周，为此而踌躇满志，这才擦拭好刀收藏起来。”文惠君说：“妙啊，我听了厨师这一番话，从中得到养生的道理了。”

---

①庖（páo）：厨房。庖丁：即厨师，“丁”是他的名字。为（wèi）：替，给。文惠君：指梁惠王。解：剖开、分解。

②触：接触。

③倚：靠。

④履：踏、踩。

⑤踦（yǐ）：用膝抵住。

⑥砉（huā）然：皮肉分离的声音。向然:多种声音相互响应的样子。

⑦奏：进。騞（huō）然：以刀快速割牛的声音。

⑧中（zhòng）：合乎。“中音”，意思是合乎音乐的节奏。

⑨《桑林》：传说为殷商时代的乐曲名。“《桑林》之舞”意思是用《桑林》乐曲伴奏的舞蹈。

⑩《经首》：传说为殷商时代的乐曲名。会：乐律，节奏。

⑪嘻（xī）：惊叹词。

⑫盖：通“盍”，何，怎么。

⑬释：放下。

⑭好（hào）：喜好。道：事物的规律。

⑮进：进了一层，含有超过、胜过的意思。

⑯神：精神，心思。

⑰官：器官，这里指眼。知：知觉，这里指视觉。

⑱天理：自然的纹理，这里指牛体的自然结构。

⑲批：击。郤（xì）：通“隙”，这里指牛体筋腱骨骼间的空隙。

⑳导：引导，导向。窾（kuǎn）：空，这里指牛体骨节间较大的空处。

㉑因：依，顺着。固然：本然，原本的样子。

㉒技（zhī）：通“枝”，指支脉。经：经脉。“技经”指经络结聚的地方。肯：附在骨上的肉。綮：筋骨连接很紧的地方。未：不曾。尝：尝试。

㉓軱（gū）：大骨。

㉔岁：每年。更（gēng）：更换。

㉕族：众，指平庸之辈。族庖：指一般的厨师。

㉖折：砍，这里指用刀砍断骨头。

㉗发：出，这里指刚从磨刀石上磨出来。硎（xíng）：磨刀石。

㉘间（jiàn）：缝，间隙。

㉙恢恢：宽广。游刃：运转的刀刃。

㉚族：指骨节、筋腱聚结交错的部位。

㉛怵（chù）然：小心谨慎的样子。

㉜謋（huò）：解散。

㉝委：堆积。

㉞踌躇：悠然自得的样子。满志：满足了心意。

㉟善：摆弄、擦拭。

㊱养生：其后省中心语，意思是“养生之道”。

原文

公文轩见右师而惊曰[1]：“是何人也？恶乎介[2]也？天与？其人与？”曰：“天也，非人也。天之生是，使独也[3]，人之貌，有与[4]也。以是知其天也，非人也。”

泽雉[5]十步一啄，百步一饮，不蕲畜乎樊中[6]。神虽王[7]，不善也。

老聃死[8]，秦失吊之[9]，三号[10]而出。弟子曰：“非夫子之友邪？”曰：“然。”“然而吊焉若此，可乎？”曰：“然。始也吾以为其人[11]也，而今非也。向[12]吾入而吊焉，有老者哭之，如哭其子；少者哭之，如哭其母。彼其所以会之[13]，必有不蕲言而言，不蕲哭而哭者。是遁天倍情[14]，忘其所受[15]，古者谓之遁天之刑[16]。适来[17]，夫子[18]时也；适去，夫子顺也。安时而处顺，哀乐不能入也，古者谓是帝之县解[19]。”指穷于为薪[20]，火传也，不知其尽也。

译文

公文轩见到右师大吃一惊，说：“这是什么人？怎么只有一只脚呢？是天生只有一只脚，还是人为地失去一只脚呢？”右师说：“天生的，不是人为的。老天爷生就了我这样一个形体，让我只有一只脚，人的外观完全是上天所赋与的。所以知道这是天生的，不是人为的。”

沼泽边的野鸡走上十步才能啄到一口食物，走上百步才能喝到一口水，可是它丝毫也不会祈求畜养在笼子里。生活在樊笼里虽然不必费力寻食，但精神即使十分旺盛，那也是很不快意的。

老聃死了，他的朋友秦失去吊丧，大哭几声便离开了。老聃的弟子问道：“你不是我们老师的朋友吗？”秦失说：“是的。”弟子们又问：“那么吊唁朋友像这样，行吗？”秦失说：“行。我刚开始与他交朋友时，以为他是个俗人，今日他死后，才知他并非俗人，所以并不能以俗人之礼吊唁他。刚才我进入灵堂去吊唁，有老年人在哭他，像做父母的哭自己的孩子；有年轻人在哭他，像做孩子的哭自己的父母。他们之所以会聚在这里，一定有人本不想说什么却情不自禁地诉说了什么，本不想哭泣却情不自禁地痛哭起来。如此喜生恶死是违反常理、背弃真情的，他们都忘掉了人是禀承于自然、受命于天的道理，古时候人们称这种做法背离了自然的过失。偶然来到世上，你们的老师他应时而生；偶然离开人世，你们的老师他顺依而死。安于天理和常分，顺从自然和变化，哀伤和欢乐便都不能进入心怀，古时候人们称这样做为自然的解脱，好像解除倒悬之苦似的。”取光照物的烛薪终会燃尽，而火种却传续下来，永远不会熄灭。

---

①公文轩：宋国人，复姓公文，名轩。右师：官名，春秋时宋国设置，为最高行政长官。古人常有借某人之官名称谓其人的习惯，这里以官职称人。

②介：独，只有一只脚。一说“介”当作“兀”，失去一足的意思。

③是：此，指代形体上只有一只脚的情况。独：只有一只脚。

④与：赋与。

⑤雉（zhì）：雉鸟，俗称野鸡。

⑥蕲（qí）：祈求，希望。畜：养。樊：笼。

⑦王（wàng）：通“旺”，旺盛。

⑧老聃（dān）：即老子，楚人，姓李名耳。

⑨秦失（yì）：又作“秦佚”，老聃的朋友。吊：吊丧。

⑩号：指大声地哭。

⑪其人：指与秦失对话的哭泣者。老聃和秦失都把生死看得很轻，在秦失的眼里老聃的弟子也应都是能够超脱物外的人，但如此伤心地长久哭泣，显然哀痛过甚，有失老聃的遗风。

⑫向：刚才。

⑬彼其：指哭泣者，即前四句中的“老者”和“少者”。所以：……的原因。会：聚，碰在一块儿。

⑭遁：逃避，违反。倍：通“背”，违背。

⑮忘其所受：忘掉了禀受于自然的生命之长短。庄子认为人体禀承于自然，方才有生有死，如果好生恶死，这就忘掉了受命于天的道理。

⑯刑：犹理。“遁天之刑”是说感伤过度，势必违反自然之道而招来过失。

⑰适：偶然。来：来到世上，与下一句的“去”讲作离开人世相对立；这里的“来”“去”实指人的生和死。

⑱夫子：指老聃。

⑲帝：天帝，万物的主宰。县（xuán）：同“悬”，倒悬。“帝之县解”犹言“自然解脱”。在庄子看来，忧乐不能入，死生不能系，做到“安时而处顺”，就自然地解除了困缚，犹如解脱了倒悬之苦。

⑳指：通“脂”，即薪上的油脂。穷：尽，指燃尽。

人间世

人间世，就是人间社会。本篇重在讨论两个问题：一是如何处世；二是如何自处。由此文章可分为两部分，前半部分包括三个对话：一是颜回与孔子对话；二是叶子高与孔子对话；三是颜阖和蘧伯玉对话。三者都是在讲官场上与人相处要安、要顺、要不得已。后半部分则重在说明如何自处。这里作者先从三个关于树的寓言入手来说明“趣取无用”是为大用的道理。最后引出支离疏因变形的躯体而得以养生、全身的心酸故事。让人心酸的是在当时的社会中也只有这样的人才可活下来。这篇讲的处世和自处的无用论，其实是当时黑暗社会的一种曲折而畸形的心理反映与批判。

原文

颜回见仲尼①，请行。曰：“奚之②？”曰：“将之卫。”曰：“奚为焉？”曰：“回闻卫君，其年壮，其行独③。轻用其国，而不见其过。轻用民死，死者以国量乎泽若蕉④，民其无如⑤矣！回尝闻之夫子曰：‘治国去⑥之，乱国就⑦之，医门多疾。’愿以所闻思其则⑧，庶几其国有瘳乎[9]！”

仲尼曰：“嘻，若殆往而刑耳[10]！夫道不欲杂，杂则多，多则扰，扰则忧，忧而不救。古之至人，先存诸己，而后存[11]诸人。所存于己者未定，何暇至于暴人[12]之所行！且若亦知夫德之所荡，而知之所为出乎哉[13]？德荡乎名，知出乎争。名也者，相轧[14]也；知也者，争之器也。二者凶器，非所以尽行也。

“且德厚信矼[15]，未达人气[16]；名闻不争，未达人心。而强以仁义绳墨之言术暴人之前者[17]，是以人恶有其[18]美也，命之曰菑人[19]。菑人者，人必反菑之。若殆为人菑夫。

“且苟为悦贤而恶不肖[20]，恶用而[21]求有以异？若唯无诏[22]，王公必将乘人而斗其捷[23]。而目将荧[24]之，而色将平之[25]，口将营[26]之，容将形之[27]，心且成之[28]。是以火救火，以水救水，名之曰益多。顺始无穷，若殆以不信厚言，必死于暴人之前矣！

“且昔者桀杀关龙逢[29]，纣杀王子比干[30]，是皆修其身，以下伛拊人之民[31]，以下拂其上者也[32]，故其君因其修以挤之[33]。是好名者也。

“昔者尧攻丛枝、胥敖[34]，禹攻有扈[35]，国为虚厉[36]，身为刑戮。其用兵不止，其求实无已[37]，是皆求名实者也，而独不闻之乎？名实者，圣人之所不能胜也，而况若乎！虽然，若必有以[38]也，尝以语我来[39]。”

译文

颜回拜见孔子，请求同意他出远门。孔子问："你到哪里去呢？"颜回回答："打算去卫国。"孔子问："去卫国干什么呢？"颜回说："我听说卫国的国君，他正年轻，办事独断专行；轻率地处理政事，却看不到自己的过失；轻率地役使百姓，使百姓大量死亡，死人遍及全国不可称数，就像大泽中的草芥一样，百姓都失去了可以归往的地方。我曾听老师说：'治理得好的国家可以离开它。治理得不好的国家却要去到那里，就好像医生门前病人多一样。'我希望根据先生的这些教诲思考治理卫国的办法，卫国也许还可以逐步恢复元气吧！"

孔子说："哎呀！你去到卫国恐怕就会遭到杀害啊！推行大道应该专一，是不宜掺杂的，杂乱了就会事绪繁多，事绪繁多就会心生扰乱，心生扰乱就会产生忧患，忧患多了也就自身难保，更何况拯救国家。古时候道德修养高尚的至人，总是先使自己日臻成熟，方才去扶助他人。如今在自己的道德修养方面还没有什么建树，哪里还有什么工夫到暴君那里去推行大道！你懂得道德毁败和智慧表露的原因吗？道德的毁败在于追求名声，智慧的表露在于争辩是非。名声是互相倾轧的原因，智慧是互相争斗的工具。二者都像是凶器，不可以将它推行于世。

"一个人虽然德行纯厚诚实笃守，可未必能和对方声气相通；一个人虽然不争名声，可未必能得到广泛的理解。而勉强把仁义和规范之类的言辞述说于暴君面前，这就好比用别人的丑行来显示自己的美德，这样的做法可以说是害人。害人的人一定会被别人所害，你这样做恐怕会遭到别人的伤害的呀！况且，假如说卫君喜好贤能而讨厌恶人，那么，哪里还用得着等待你去才有所改变？你果真去到卫国也只能是不向卫君进言，否则卫君一定会紧紧抓住你偶然说漏嘴的机会快捷地向你展开争辩。你必将眼花缭乱，而面色会佯作平和，你将说话自顾不暇，容颜会被迫俯就，内心也就姑且认同卫君的所作所为了。这样做就像是用火救火，用水救水，可以称之为错上加错。有了依顺他的开始，以后顺从他的旨意便会没完没了，假如你未能取信便深深进言，那么一定会死在这位暴君面前。

“从前，夏桀杀害了敢于直谏的关龙逢，商纣王杀害了力谏的叔叔比干，这些贤臣他们都十分注重自身的道德修养，而以臣下的地位抚爱人君的百姓，同时也以臣下的地位违逆了他们的国君，所以他们的国君就因为他们道德修养高尚而排斥他们、杀害了他们。这就是喜好名声的结果。

“当年帝尧征伐丛枝和胥敖，夏禹攻打有扈，三国的土地变成废墟，人民全都死尽，而国君自身也遭受杀戮，原因就是三国不停地使用武力，贪求别国的土地和人口。这些都是求名求利的结果，你偏偏就没有听说过吗？名声和实利，就是圣人也不可能超越，何况是你呢！虽然这样，你必定有所依凭，你就试着把它告诉我吧！”

---

①颜回：孔子的弟子，姓颜，名回，字子渊，鲁国人。仲尼：孔子，仲尼为字。孔子与颜回的这段谈话完全出自假托。

②奚之：何往。

③独：专断。

④量：填满。乎：于。蕉：草芥。

⑤如：往。无如：没有归往的地方。

⑥去：离。

⑦就：趋赴，前往。

⑧以：用，根据。则：准则，办法。

⑨庶几：也许可以，差不多；含有希望的意思。瘳（chōu）：病愈，这里指国家恢复了元气。

⑩若：你。殆：恐怕，大概。刑：遭受刑戮。

⑪存：存立，这里指道德修养的建立。

⑫暴人：施行暴政的人，这里指卫国国君。

⑬荡：丧失，毁坏。知：智慧。所为：……的原因。出：显露。

⑭轧：倾轧。

⑮矼（qiāng）：坚实、笃厚的样子。

⑯未达：没有了解。人气：人的趣味。

⑰绳墨：喻指规矩、规范。术：通“述”，陈述。

⑱其：己，第三人称代词变用为己称。

⑲命之：名之，称谓它。菑（zāi）：同“灾”，灾害。

⑳恱：喜好。不肖：不像，这里指不学好。

㉑而：汝，你。

㉒唯：只。诏：进言，这里指向卫君进言。

㉓王公：指卫君。乘：趁。“乘人”就是抓住说话人说漏了嘴的机会。捷：形容言语快捷善辩，不让说话对方有喘息思考的机会。

㉔荧（yíng）：眩，迷惑。

㉕色：脸色。平：平和。

㉖营：营救，这里指用言语自我解脱。

㉗容：容颜，态度。形：显露，表现。

㉘成之：以之为成，把对方的作为加以认可。

㉙桀：夏代最后一个国君，素以暴虐称著于史。关龙逢：夏桀时代的贤臣，因直言劝谏而被夏桀杀害。

㉚纣：商代最后一个国君，历史上著名的暴君。比干：商纣王的庶出叔叔，因力谏而被纣王杀害。

㉛下：下位，居于臣下之位。伛拊（yǔ fǔ）：曲身怜爱抚育。人：人君的省称。

㉜拂：违反。上：居于上位的人，这里指国君。

㉝修：美好，这里专指有道德修养。挤：排斥。

㉞丛枝、胥敖：帝尧时代的两个部落小国的国名。

㉟有扈：古国名。

㊱虚：废墟。厉：厉鬼。

㊲实：实利，指国土和财物。已：止。

㊳有以：有所依凭，有办法。

㊴以语我：把它告诉给我。来：句末语气词，表示感叹。

原文

颜回曰："端而虚①，勉而一②，则可乎？"曰："恶③！恶可！夫以阳为充孔扬④，采色不定⑤，常人之所不违，因案人之所感⑥，以求容与⑦其心，名之曰日渐⑧之德不成，而况大德乎！将执⑨而不化，外合而内不訾⑩，其庸讵可乎⑪！"

"然则我内直而外曲⑫，成而上比⑬。内直者，与天⑭为徒。与天为徒者，知天子之与己，皆天之所子⑮，而独以己言蕲乎而人善之⑯，蕲乎而人不善之邪？若然者，人谓之童子⑰，是之谓与天为徒。外曲者，与人为徒也。擎跽曲拳⑱，人臣之礼也。人皆为之，吾敢不为邪？为人之所为者，人亦无疵⑲焉，是之谓与人为徒。成而上比者，与古为徒。其言虽教，谪之实也⑳，古之有也，非吾有也。若然者，虽直而不病[21]，是之谓与古为徒。若是则可乎？”仲尼曰：“恶！恶可？大多政法而不谍[22]，虽固[23]，亦无罪。虽然，止是耳矣[24]，夫胡可以及化[25]！犹师心者也[26]。”

颜回曰：“吾无以进矣，敢问其方[27]。”仲尼曰：“斋[28]，吾将语若。有心[29]而为之，其易邪？易之者，皞天不宜[30]。”颜回曰：“回之家贫，唯不饮酒不茹[31]荤者数月矣。如此，则可以为斋乎？”曰：“是祭祀之斋，非心斋[32]也。”

回曰：“敢问心斋。”仲尼曰：“若一志[33]，无听之以耳，而听之以心；无听之以心，而听之以气[34]。听止于耳[35]，心止于符[36]。气也者，虚[37]而待物者也。唯道集虚。虚者，心斋也。”

颜回曰：“回之未始得使[38]，实自回[39]也；得使之也，未始有回也，可谓虚乎？”夫子曰：“尽[40]矣。吾语若：若能入游其樊，而无感其名[41]，入则鸣[42]，不入则止。无门无毒[43]，一宅[44]而寓于不得已，则几[45]矣。绝迹易，无行地[46]难。为人使易以伪[47]，为天使难以伪。闻以有翼飞者矣，未闻以无翼飞者也；闻以有知知者[48]矣，未闻以无知知者也。瞻彼阕者[49]，虚室生白[50]，吉祥止止[51]。夫且不止，是之谓坐驰[52]。夫徇耳目内通，而外于心知[53]，鬼神将来舍，而况人乎！是万物之化也，禹、舜之所纽[54]也，伏戏、几蘧之所行终[55]，而况散焉者[56]乎！”

译文

颜回说：“我外表端庄内心虚豁，勤奋努力终始如一，这样就可以了吗？”孔子说：“唉，这怎么可以呢！卫君刚猛暴烈盛气露于言表，而且喜怒无常，人们都不敢有丝毫违背他的地方，他也借此压抑人们的真实感受和不同观点，以此来放纵他的欲望。这真可以说是每日用道德来感化都不会有成效，更何况用大德来劝导呢？他必将固守己见而不会改变，表面赞同而内心里也不会对自己的言行作出反省，你那样的想法怎么能行得通呢？”

颜回说：“如此，那我就内心秉正诚直而外表俯首曲就，内心自有主见并处处跟古代贤人作比较。内心秉正诚直，这就是与自然为同类。跟自然为同类，可知国君与自己都是上天养育的子女。又何必把自己的言论宣之于外而希望得到人们的赞同，还是希望人们不予赞同呢？像这样做，人们就会称之为未失童心，这就叫跟自然为同类。外表俯首曲就的人，是跟世人为同类。手拿朝笏躬身下拜，这是做臣子的礼节，别人都这样去做，我敢不这样做吗？做一般人臣都做的事，人们也就不会责难了吧，这就叫跟世人为同类。心有成见而上比古代贤人，是跟古人为同类。他们的言论虽然很有教益，指责世事才是真情实意，这样做自古就有，并不是从我才开始的。像这样做，虽然正直不阿却也不会受到伤害，这就叫跟古人为同类。这样做便可以了吗？”孔子说：“唉，怎么可以呢？太多的事情需要纠正，就是有所效法也会出现不当，虽然固陋而不通达也没有什么罪责。即使这样，也不过如此而已，又怎么能感化他呢！你好像是太执着于自己内心成见的人哩。”

颜回说：“我没有更好的办法了，冒昧地向老师求教方策。”孔子说：“你斋戒清心，我将告诉你。如果怀着积极用世之心去做，难道是容易的吗？如果这样做也很容易的话，苍天也会认为是不适宜的。”颜回说：“我颜回家境贫穷，不饮酒浆、不吃荤食已经好几个月了，像这样，可以说是斋戒了吧？”孔子说：“这是祭祀前的所谓斋戒，并不是‘心斋。’”

颜回说：“我请教什么是‘心斋’。”孔子说：“你必须摒除杂念，专一心思，不用耳去听而用心去领悟，不用心去领悟而用凝寂虚无的意境去感应！耳的功用仅只在于聆听，心的功用仅只在于跟外界事物交合。凝寂虚无的心境才是虚弱柔顺而能应待宇宙万物的。只有大道才能汇集于凝寂虚无的心境。虚无空明的心境就叫作‘心斋’。”

颜回说：“我不曾禀受过‘心斋’的教诲，所以确实存在一个真实的颜回；我禀受了‘心斋’的教诲，我便顿时感到不曾有过真实的颜回，这可以叫作虚无空明的境界吗？”孔子说：“你对‘心斋’的理解实在十分透彻。我再告诉你，假如能够进入到追名逐利的环境中遨游而又不为名利地位所动，卫君能采纳你就阐明你的观点，不能采纳你就停止不说，不去寻找仕途的门径，也不向世人提示索求的标的，心思凝聚全无杂念，把自己寄托于无可奈何的境域，那么就差不多合于‘心斋’的要求了。一个人不走路容易，走了路不在地上留下痕迹就很难。受世人的驱遣容易伪装，受自然的驱遣便很难作假。听说过凭借翅膀才能飞翔，不曾听说过没有翅膀也能飞翔；听说过有智慧才能了解事物，不曾听说过没有智慧也可以了解事物。看一看那空旷的环宇，空明的心境顿时独存精白，而什么也都不复存在，一切吉祥之事都消逝于凝静的境界。至此还不能凝止，这就叫形坐神驰。倘若让耳目的感观向内通达而又排除心智于外，那么鬼神将会前来归附，何况是人呢！这就是万物的变化，是禹和舜所把握的要领，也是伏羲、几蘧所遵循始终的道理，何况普通的人呢！”

---

①端：端庄、正派。虚：虚豁、谦逊。“端”指外表，“虚”指内心。

②勉：勤恳努力。一：这里是始终如一，忠贞不二的意思。

③恶（wū）：叹词，驳斥之声。下句“恶可”中的“恶”为“怎么”的意思。

④阳：指刚猛之盛气。充：满，充斥于心。孔：甚，很。扬：彰扬，露于外表。

⑤采色：这里指面部表情。“采色不定”的意思是“喜怒无常”。

⑥案：压抑，压制。所感：有所感触而规谏。

⑦容与：放纵。

⑧渐：浸渍，润泽。

⑨执：固守己见。

⑩外合：外表赞同。訾（zī）：资取。“不訾”意思是不愿对自己的言行作出反省。

⑪其：那，那样。庸讵：怎么。

⑫直：正直，光明正大。曲：弯曲，含有俯首曲就的意思。

⑬成：引用现成的话。上：上世，指古代。“上比”意思是跟古代的贤人相比较。

⑭天：自然。

⑮所子：所养育的子女。

⑯蕲：祈求，希望得到。而人：别人。善之：以之为善，把这样的言论看作是正确的。

⑰童子：未成年的人，这里指未丧失自然本性的孩童。

⑱擎：举，这里指手里拿着朝笏（hù）。跽：长跪。曲拳：躬身屈体，指鞠躬。

⑲疵（cī）：诽谤。

⑳教：教诲从善。谪：谴责、责备。

㉑病：怨恨、祸害。

㉒大：太。政法：法则。谍：稳当。

㉓固：固陋，执着而不通达。

㉔止是：只此。耳矣：罢了。

㉕胡：何，怎么。化：感化。

㉖师：以……为师。心：这里指内心的定见。

㉗敢：表示谦敬之词，相当于今天“斗胆地”“冒昧地”的意思。方：办法。

㉘斋：斋戒，指祭祀前的清心洁身，这里专指清心。

㉙有心：指怀有积极用世之心。

㉚暤（hào）天：指自然之道。宜：当，合适。

㉛茹：吃。

㉜心斋：无杂念、无二心的一种内心的斋戒。

㉝一：专一。“一志”意思是凝寂虚忘，摒除杂念，心思高度专一。

㉞气：“气”在中国古代哲学中是极为重要的一个概念，指构成宇宙万物的本原，这里是指虚以待物的心境。

㉟听止于耳：为“耳止于听”的倒误，意思是耳的作用只是在听。

㊱符：合。

㊲虚：这里指纯净、空明的境界。

㊳得使：意思是得到了心斋的教诲。

㊴自回：自我存在。

㊵尽：详尽，指颜回的上述言论对于“心斋”的理解，说得十分深透。

㊶樊：篱笆，喻指卫君统治的范围，并暗含追名逐利之场所的意思。感其名：为名利地位所动。

㊷入：采纳。鸣：鸣说。

㊸毒：累积土石用作保卫门栏的土台，喻指堵塞。

㊹一：心思高度集中。宅：这里用指心灵的位置。“一宅”意思就是心

灵安于凝聚专一，全无杂念。

㊺几：近，意思是做到了这一步就接近于大道，符合“心斋”的要求了。

㊻无行地：行走却不践地，喻指做任何事都不留下痕迹。

㊼使：驱使。伪：假。

㊽有知知者：前者读zhì，智慧、才能之意。后者读zhī，意即认识、了解。

㊾瞻（zhān）：望。阕（què）：空虚。

㊿虚室：空灵的精神世界。白：洁净，指什么也不存在的虚无的心理状态。

(51)止止：意思是止于凝静的心境。

(52)坐驰：形体坐在那里而心却驰骋于他处。

(53)徇：通“殉”，丧。内通：向内通达。外：这里是排除的意思。心知：心智。

(54)纽：枢纽，关键。

(55)伏戏：即伏羲。几蘧（qú）：传说时代的远古帝王。终：到底，遵循始终。

(56)散焉者：指疏散的人，即普通、平常的人。

原文

叶公子高将使于齐[1]，问于仲尼曰：“王使诸梁也甚重[2]，齐之待使者，盖将甚敬而不急。匹夫犹未可动，而况诸侯乎！吾甚栗[3]之。子常语诸梁也曰：‘凡事若小若[4]大，寡不道以欢成[5]。事若不成，则必有人道之患[6]；事若成，则必有阴阳之患[7]。若成若不成而后无患者，唯有德者能之。’吾食也执粗而不臧[8]，爨无欲清之人[9]。今吾朝受命而夕饮冰，我其内热[10]与！吾未至乎事之情[11]，而既有阴阳之患矣！事若不成，必有人道之患。是两也，为人臣者不足以任[12]之，子其有以语我来！”

仲尼曰：“天下有大戒[13]二：其一命也，其一义也。

子之爱亲，命也，不可解于心；臣之事君，义也，无适[14]而非君也，无所逃于天地之间。是之谓大戒。是以夫事其亲者，不择地而安之，孝之至也；夫事其君者，不择事而安之，忠之盛[15]也；自事其心者[16]，哀乐不易施[17]乎前，知其不可奈何而安之若命，德之至也。为人臣子者，固有所不得已。行事之情而忘其身，何暇至于悦生而恶死！夫子其行可矣！

“丘请复以所闻：凡交，近则必相靡以信[18]，远则必忠之以言[19]，言必或传之。夫传两喜两怒之言[20]，天下之难者也。夫两喜必多溢美之言[21]，两怒必多溢恶之言。凡溢之类妄[22]，妄则其信之也莫[23]，莫则传言者殃。故《法言》[24]曰：‘传其常情，无传其溢言，则几乎全[25]。’

“且以巧斗力[26]者，始乎阳[27]，常卒乎阴[28]，大至则多奇巧[29]；以礼饮酒者，始乎治[30]，常卒乎乱，大至则多奇乐[31]。凡事亦然，始乎谅[32]，常卒乎鄙[33]；其作始也简，其将毕也必巨。夫言者，风波也；行者，实丧也[34]。风波易以动，实丧易以危。故忿设无由[35]，巧言偏辞[36]。兽死不择音，气息茀然[37]，于是并生心厉[38]。克核大至[39]，则必有不肖[40]之心应之，而不知其然也。苟为不知其然也，孰知其所终！故《法言》曰：‘无迁[41]令，无劝成[42]。过度益[43]也。’迁令劝成殆事[44]。美成[45]在久，恶成不及改，可不慎与！且夫乘物[46]以游心，托不得已以养中[47]，至矣。何作[48]为报也！莫若为致命[49]，此其难者！”

译文

叶公子高将要出使齐国，他向孔子请教："楚王派我出使齐国，责任重大。齐国接待外来使节，总是表面恭敬而内心怠慢。平常老百姓尚且不易说服，何况是诸侯国君呢！我心里十分害怕。您常对我说：'事情无论大小，很少有不通过言语的交往可以获得圆满结果的。事情如果办不成功，那么必定会受到国君惩罚；事情如果办成功了，那又一定会忧喜交集酿成疾病。事情办成功或者办不成功都不会留下祸患，只有道德高尚的人才能做到。'我每天吃的都是粗糙不精美的食物，烹饪食物的人没有怕热而求清凉的。我今天早上接受国君诏命，到了晚上就得饮用冰水，恐怕是因为我内心焦躁担忧吧！我还不曾接触到事情，就已经有了忧喜交加所导致的病患；事情假如真办不成，那一定还会受到国君惩罚。成与不成这两种结果，做臣子的我都不足以承受，先生你有什么可以教导我吧！"

孔子说："天下有两个足以为戒的法则：一是自然天性，一是做人的道义。做儿女的敬爱双亲，这是自然的天性，是系结于心而不可解除的；臣子侍奉国君，这是人为的道义，天地之间无论到什么地方都不会没有国君的统治，这是无法逃避的现实。爱敬双亲，侍奉国君，这就叫作足以为戒的大法。所以侍奉双亲的人，无论什么样的境遇都要使父母安适，这是孝心的最高表现；侍奉国君的人，无论办什么样的事都要让国君放心，这是尽忠的极点。注重自我修养的人，悲哀和欢乐都不容易使他受到影响，知道世事艰难，无可奈何却又能安于处境、顺应自然，这就是道德修养的最高境界。做臣子的原本就会有不得已的事情，遇事要能把握真情并忘掉自身，哪里还顾得上眷恋人生、厌恶死亡呢！你这样去做就可以了！

“不过我还是把我所听到的道理再告诉你：凡是与邻近国家交往一定要用诚信使相互之间和顺亲近，而与远方国家交往则必定要用语言来表示相互间的忠诚。国家间交往的语言总得有人相互传递。传递两国国君喜怒的言辞，乃是天下最困难的事。两国国君喜悦的言辞必定添加了许多过分的夸赞，两国国君愤怒的言辞必定添加了许多过分的憎恶。大凡过度的话语都类似于虚构，虚构的言辞其真实程度也就值得怀疑，国君产生怀疑则传达信息的使者就要遭殃。所以古代格言说：‘传达平实的言辞，不要传达过分的话语，那么也就差不多可以保全自己了。’

“况且以智巧相互较量的人，开始时平和开朗，后来就常常暗使计谋，达到极点时则大耍阴谋、倍生诡计。按照礼节饮酒的人，开始时规规矩矩合乎人情，到后来常常就一片混乱大失礼仪，达到极点时则荒诞淫乐、放纵无度。无论什么事情恐怕都是这样：开始时相互信任，到头来互相欺诈；开始时单纯细微，临近结束时便变得纷繁巨大。言语犹如风吹的水波，传达言语定会有得有失。风吹波浪容易动荡，有了得失容易出现危难。所以愤怒发作没有别的什么缘由，就是因为言辞虚浮而又片面失当。猛兽临死时什么声音都叫得出来，气息急促喘息不定，于是迸发伤人害命的恶念。大凡过分苛责，必会产生不好的念头来应付，而他自己也不知道这是怎么回事。假如做了些什么而他自己却又不知道那是怎么回事，谁还能知道他会有怎样的结果！所以古代格言说：‘不要随意改变已经下达的命令，不要勉强他人去做力不从心的事，说话过头一定是多余、添加的。’改变成命或者强人所难都是危险，成就一桩好事要经历很长的时间，坏事一旦做出，悔改是来不及的。行为处世能不审慎吗！至于顺应自然而使心志自在遨游，一切都寄托于无可奈何以养蓄神智，这就是最好的办法。有什么必要在意回报！不如原原本本地传达国君所给的使命，这样做有什么困难呢！”

---

①叶公子高：楚庄王玄孙尹成子，名诸梁，字子高，为楚大夫，封于叶，自僭为“公”，故有“叶公子高”之称。使：出使。

②使诸梁：以诸梁为使。甚重：极为重要的使命。

③栗：恐惧。

④若：或者。

⑤寡：少。道：由，通过。欢成：指圆满的结果。

⑥人道之患：人为的祸害，指国君的惩罚。

⑦阴：事未办成时的忧惧。阳：事已办成时的喜悦。这里是说忽忧忽喜而交集于心，势必失调以致病患。

⑧执粗：食用粗茶淡饭。臧：好。“不臧”指不精美的食品。

⑨爨（cuàn）：炊，烹饪食物，这里指厨师。

⑩内热：内心烦躁和焦虑。

⑪情：真实。

⑫任：承担。

⑬戒：法。“大戒”指人生足以为戒的法则。

⑭适：往、到。全句是说，天下虽大，但所到之处，没有不受国君统治的地方。

⑮盛：极点、顶点。

⑯自事其心：侍奉自己的心思，意思是注意培养自己的道德修养。

⑰施：移动，影响。

⑱靡：顺从。“相靡以信”，用诚信相互和顺与亲近。

⑲忠之以言：用忠实的语言相交。

⑳两喜两怒之言：两国国君或喜或怒的言辞。

㉑溢：满，超出。“溢美之言”指过分夸赞的言辞。下句的“溢恶之言”指过分憎恶的话。

㉒妄：虚假。

㉓莫：疑惑的样子。“信之以莫”意思是真实程度值得怀疑。

㉔《法言》：一解为古书名，一解为古代的格言。

㉕常情：真实无妄的言论。全：保全。

㉖斗力：相互较力，犹言相互争斗。

㉗阳：指公开地争斗。

㉘卒：终。阴：指暗地里使计谋。

㉙大至：太过分。奇巧：指玩弄阴谋。

㉚治：指合乎常理和规矩。

㉛奇乐：放纵无度。

㉜谅：取信，相互信任。

㉝鄙：恶，欺诈。

㉞实丧：得失。这句话是说，传递语言总会有得有失。

㉟设：发作、产生的意思。无由：没有别的原因。

㊱巧：虚浮不实。偏：片面的。

㊲茀（bó）：通“勃”。茀然：气息急促的样子。

㊳厉：狠虐。心厉：指伤害人的恶念。

㊴克核：即苛责。大至：即“太至”，过分。

㊵不肖：不善，不正。

㊶迁：改变。

㊷劝：勉力，这里含有力不能及却勉强去做的意思。成：指办成什么事。“劝成”，意思是勉强让人去做成某一件事。

㊸益：添加。

㊹殆：危险。“殆事”犹言“坏事”。

㊺美成：意思是美好的事情要做成功。下句的“恶成”，意思是坏事做成了。

㊻乘物：顺应客观事物。

㊼中：中气，这里指神智。

㊽作：作意。大意是何必为齐国作意其间。

㊾致命：原原本本地传达国君的意见。

原文

颜阖将傅卫灵公太子①，而问于蘧伯玉②曰：“有人于此，其德天杀③。与之为无方④，则危吾国；与之为有方，则危吾身。其知⑤适足以知人之过，而不知其所以过⑥。若然者，吾奈之何？”蘧伯玉曰：“善哉问乎！戒之，慎之，正女身也哉！形莫若就⑦，心莫若和⑧。虽然，之⑨二者有患。就不欲入⑩，和不欲出⑪。形就而入，且为颠⑫为灭，为崩为蹶⑬；心和而出，且为⑭声为名，为妖为孽⑮。彼且为婴儿，亦与之为婴儿；彼且为无町畦⑯，亦与之为无町畦；彼且为无崖⑰，亦与之为无崖；达之⑱，入于无疵⑲。

“汝不知夫螳螂乎？怒其臂以当车辙⑳，不知其不胜任也，是其才之美者也㉑。戒之，慎之！积伐而美者以犯之㉒，几㉓矣。

“汝不知夫养虎者乎？不敢以生物㉔与之，为其杀之之怒也㉕；不敢以全物与之，为其决㉖之之怒也。时其饥饱，达其怒心㉗。虎之与人异类，而媚养己者㉘，顺也；故其杀者，逆也㉙。

“夫爱马者，以筐盛矢[30]，以蜄盛溺[31]。适有蚊虻仆缘[32]，而拊[33]之不时，则缺衔、毁首、碎胸[34]。意有所至，而爱有所亡[35]，可不慎邪！”

译文

颜阖将被请去做卫国太子的师傅，他向卫国贤大夫蘧伯玉求教：“如今有这样一个人，他的德行生就凶残嗜杀。跟他朝夕与共如果不符合法度与规范，势必危害自己的国家；如果合乎法度和规范，那又会危害自身。他的智慧足以了解别人的过失，却不了解别人为什么会出现过错。像这样的情况，我将怎么办呢？”蘧伯玉说：“问得好啊！要警惕，要谨慎，首先要端正你自己！表面上不如顺从依就以示亲近，内心里不如顺其秉性暗暗疏导。即使这样，这两种态度仍有隐患。亲附他不要关系过密，疏导他不要心意太露。外表亲附到关系过密，会招致颠覆毁灭，招致崩溃失败。内心顺性疏导显得太露，将被认为是为了名声，也会招致祸害。他如果像个天真的孩子一样，你也姑且跟他一样像个无知无识的孩子；他如果同你不分界线，那你也就跟他不分界线。他如果跟你无拘无束，那么你也姑且跟他一样无拘无束。慢慢地将他思想疏通引入正轨，便可进一步达到没有过错的地步。

“你不了解那螳螂吗？奋起它的臂膀去阻挡滚动的车轮，不明白自己的力量全然不能胜任，还自以为才高智盛很有力量。警惕呀，谨慎呀！经常夸耀自己的才智而触犯了他，就危险了！

“你不了解那养虎的人吗？他从不敢用活物去喂养老虎，因为他担心扑杀活物会激起老虎凶残的怒气；他也从不敢用整只的动物去喂养老虎，因为他担心撕裂动物也会诱发老虎凶残的怒气。

知道老虎饥饱的时刻，通晓老虎暴戾凶残的秉性。老虎与人不同类却向饲养人摇尾乞怜，原因就是养老虎的人能顺应老虎的性子，而那些遭到虐杀的人，是因为触犯了老虎的性情。

“爱马的人，以精细的竹筐装马粪，用珍贵的蛤壳接马尿。碰巧一只牛虻叮在马身上，爱马之人出于爱惜随手拍击，没想到马儿受惊便咬断勒口、挣断辔头、弄坏胸络。意在爱马却失其所爱，能够不谨慎吗！”

---

①颜阖：鲁国贤人。傅卫灵公太子：给卫灵公太子作师傅。

②蘧（qú）伯玉：卫国贤大夫，名瑗，字伯玉。

③天杀：生就的凶残嗜杀。

④与之：朝夕与共。方：法度、规范。

⑤其知（zhì）：他们的智慧。

⑥其：反身自代，全句意思是，却不知道自己为什么会出现过错。

⑦形：外表；与下句“心”相对文。就：靠拢，亲近。

⑧和：顺，含有顺其本性的意思。

⑨之：这。

⑩入：关系太深。

⑪出：超出，过于显露，与上句“入”字对文。

⑫颠：仆倒，坠落。

⑬崩：毁坏。蹶：失败，挫折。

⑭为（wèi）：为了。

⑮孽（niè）：灾害。

⑯町畦（tǐng qí）：田间的界路，喻指分界、界线。

⑰崖：山边或岸边。“无崖”喻指无边，没有约束。

⑱达：通达，指通过疏导与卫太子思想相通，逐步地使他走上正途。

⑲疵：小病，这里指行动上的过失。

⑳怒：奋起。当：阻挡。辙：车轮行过的印记。车辙：车轮的痕迹，代指车轮。

㉑是其才之美：即“以其才之美为是”，即自恃才能太高。是：自恃的意思。

㉒积：长期不断地。伐：夸耀。而：通“尔”，你。

㉓几：危险。

㉔生物：活的动物。

㉕为其杀之之怒也：唯恐它扑杀活物时而诱发残杀生物的怒气。

㉖决：裂，撕开。

㉗时：通“伺”，伺候。达：通晓，了解，顺导。

㉘异类：不同类。媚：贴耳伏人。

㉙逆：反，触犯。

㉚矢：屎，粪便。

㉛蜄（shèn）：大蛤，这里指蛤壳。溺：尿。

㉜蚊虻：牛虻。仆缘：附着，指叮在马身上。

㉝拊（fǔ）：拍击。

㉞衔：马勒口，“缺衔”指咬断了勒口。首：辔头。“毁首”指挣断了辔头。胸：胸络。“碎胸”指弄坏了络饰。

㉟亡：失。“意有所至”是说本意在于爱马；“爱有所亡”是说失其所爱，适得其反。

原文

匠石之齐[1]，至于曲辕，见栎社树[2]。其大蔽数千牛，絜之百围[3]，其高临[4]山十仞[5]而后有枝，其可以为舟者，旁[6]十数。观者如市，匠伯[7]不顾，遂行不辍[8]。弟子厌观之[9]，走及匠石[10]，曰：“自吾执斧斤[11]以随夫子，未尝见材如此其美也。先生不肯视，行不辍，何邪？”

曰："已矣[12]，勿言之矣！散木[13]也。以为舟则沈[14]，以为棺椁[15]则速腐，以为器则速毁，以为门户则液樠[16]，以为柱则蠹[17]，是不材之木也。无所可用，故能若是之寿[18]。"

匠石归，栎社见梦[19]曰："女将恶乎比[20]予哉？若将比予于文木[21]邪？夫柤[22]梨橘柚果蓏之属[23]，实熟则剥[24]，剥则辱[25]。大枝折，小枝泄[26]。此以其能苦其生者也[27]。故不终其天年而中道夭，自掊[28]击于世俗者也。物莫不若是。且予求无所可用久矣！几死，乃今得之，为予大用[29]。使予也而有用，且得有此大也邪？且也若与予也皆物也，奈何哉其相[30]物也？而几死之散人[31]，又恶知散木！"匠石觉而诊[32]其梦。弟子曰："趣取[33]无用，则为社何[34]邪？"曰："密[35]！若无言！彼亦直[36]寄焉！以为不知己者诟厉[37]也。不为社者，且几有翦[38]乎！且也彼其所保与众异，而以义誉之[39]，不亦远乎！"

译文

匠人石去齐国，来到曲辕这个地方，看见一棵被世人当作神社的栎树。这棵栎树树冠大到可以遮蔽数千头牛，用绳子绕着量一量树干，足有十丈粗，树梢高过山巅，离地面八十尺处方才分枝，用它来造船可造十余艘。观赏的人群像赶集似地涌来涌去，而这位匠人连瞧也不瞧一眼，不停步地往前走。他的徒弟站在树旁看了个够，跑着赶上了匠人石，说："自我拿起刀斧跟随先生，从不曾见过这样壮美的树木。可是先生却不肯看一眼，不住脚地往前走，为什么呢？"匠人石回答说："算了，不要再说它了！这是一棵什么用处也没有的树。用它做成船定会沉没，用它做成棺椁定会很快朽烂，用它做成器皿定会很快毁坏，用它做成屋门定会流脂而不合缝，用它做成屋柱定会被虫蛀蚀，这是不能取材的树。没有什么用处，所以它才能有如此长寿。”

匠人石回到家里，社树托梦给他说：“你将用什么树跟我相提并论呢？你打算拿树纹细密的可用之木来跟我相比吗？那山楂、梨、橘、柚都属于果树，果实成熟就会被打落在地，打落果子以后枝干也就会遭受摧残，大的枝干被折断，小的枝丫被拽下来。这就是因为它们能结出鲜美果实才苦了自己的一生。所以常常不能终享天年而半途夭折，自身招来了世俗人们的打击。各种事物莫不如此。而且我寻求没有什么用处的办法已经很久很久了，几乎被砍死，这才保全住性命，无用也就成就了我最大的用处。假如我果真是有用，还能够获得延年益寿这一最大的用处吗？况且你和我都是天地间的一物，为何你依仗有用，而把我当作散木相看呢？你不过是几近死亡的没有用处的人，又怎么会真正懂得没有用处的树木呢！”匠人石醒来后，把梦中的情况告诉给他的弟子。弟子说：“栎树旨意在于求取无用，那么又做什么社树让世人瞻仰呢？”匠人石说：“闭嘴，别说了！它只不过是在寄托罢了，反而招致不了解自己的人的辱骂和伤害。如果它不做社树的话，它还不遭到砍伐吗？况且它用来保全自己的办法与众不同，而用常理来称誉它，可不就相去太远了吗！”

①匠石：名叫“石”的匠人。之：往。

②栎（lì）：树名。社：祭土地神的地方。

③絜（xié）：用绳子计量圆形物体。围：两手合抱。

④临：居上视下为临。

⑤仞：八尺。

⑥旁：通作“方”，且，将的意思。

⑦匠伯：即匠石。“伯”这里用指工匠之长。

⑧辍（chuò）：中止，停。

⑨厌：满足。厌观：意思是看了个够。

⑩走：跑。及：赶上。

⑪斤：斧。

⑫已：止。已矣：算了。

⑬散木：指木质松散的不成材的树木。

⑭以为：即“以之为”，把它做成。沈（chén）：同“沉”。

⑮椁（guǒ）：指棺外的套棺。

⑯户：单扇的门。液：浸渍。樠（mán）：渗出的样子。

⑰蠹（dù）：蛀虫，这里用作动词，蛀蚀。

⑱若是之寿：像这样长寿。

⑲见梦：托梦。

⑳比：比并，相提并论。

㉑文木：纹理细密的有用之木。

㉒柤（zhā）：山楂。

㉓果：树木所结果实。蓏（luǒ）：瓜类植物的果实。属：类。

㉔实：果实。剥：用器物轻轻打落在地。

㉕辱：屈，意思是果树摘落果实后枝干就随意受人摧残。

㉖泄（yè）：通“抴”，用力拉。

㉗以：因。苦其生：使其一生受苦。

㉘掊（pǒu）：打。

㉙为予大用：这才成就我最大的用处。

㉚相：看待。

㉛散人：不成材的人，相对“散木”说的。

㉜诊：告。

㉝趣：意趣。“趣取”就是意在求取。

㉞为社何：意思是为什么做社树而让世人供奉。

㉟密：默，犹言“闭嘴”。

㊱直：通作“特”，仅只的意思。

㊲诟厉：辱骂、伤害。

㊳翦（jiǎn）：砍伐。

㊴义：义理。誉：称誉。

原文

南伯子綦游乎商之丘①，见大木焉，有异，结驷②千乘，隐将芘其所藾③。子綦曰：“此何木也哉？此必有异材夫！”仰而视其细枝，则拳曲④而不可以为栋梁；俯而视其大根，则轴解而不可以为棺椁⑤；咶⑥其叶，则口烂而为伤；嗅之，则使人狂酲⑦三日而不已⑧。子綦曰：“此果不材之木也，以至于此其大也。嗟乎⑨，神人以⑩此不材！”

宋有荆氏⑪者，宜楸柏桑。其拱把而上者⑫，求狙猴之杙者斩之⑬；三围四围⑭，求高明之丽者斩之⑮；七围八围，贵人富商之家求椫傍⑯者斩之。故未终其天年而中道之夭于斧斤，此材之患也。故解之以牛之白颡者，与豚之亢鼻者⑰，与人有痔病者，不可以适⑱河。此皆巫祝⑲以知之矣，所以为⑳不祥也。此乃神人之所以为大祥也。

译文

南伯子綦在商丘一带游乐，看见一棵长得出奇的大树，上千辆四马驾的大车，荫蔽在大树树荫下歇息。子綦说：“这是什么树呢？这树一定是特异的材质啊！”仰头观看大树的树枝，弯弯曲曲的树枝并不能用来做栋梁；低头观看大树的主干，树心直到表皮旋着裂口并不能用来做棺椁；用舌舔一舔树叶，口舌溃烂受伤；用鼻闻一闻气味，使人像喝多了酒，三天三夜还醒不过来。子綦说：“这果真是什么用处也没有的树木，以至长到这么高大。唉，精神世界完全超脱物外的‘神人’，就像这不成材的树木呢！”

宋国有个叫荆氏的地方，很适合楸树、柏树、桑树的生长。树干长到一两把粗，做系猴子的木桩的人便把树木砍去；树干长到三四围粗，地位高贵名声显赫的人家寻求建屋的大梁便把树木砍去；树干长到七八围粗，达官贵人富家商贾寻找整幅的棺木又把树木砍去。所以它们始终不能终享天年，而是半道上被刀斧砍伐而短命，这就是材质有用带来的祸患。因此古人祈祷神灵消除灾害，总不把白色额头的牛、高鼻子的猪以及患有痔漏疾病的人沉入河中去用作祭奠。这些情况巫师全都了解，认为他们都是很不吉祥的。不过这正是“神人”所认为的世上最大的吉祥。

---

①商之丘：即商丘，在今河南省。

②驷（sì）：一辆车套上四匹马。

③芘（bì）：通“庇”，荫庇的意思。藾（lài）：荫蔽。

④拳曲：弯弯曲曲的样子。

⑤轴：指木心。解：裂开。“轴解”意思是从木心向外裂开。一说“解”讲作“散”，指纹理松散不可用。椁：“椁”字的异体，外棺。

⑥咶（shì）：同“舐”，用舌舔。

⑦酲（chéng）：醉酒。

⑧已：止。

⑨嗟乎：感叹声。

⑩以：如，这个意义后代写作“似”。

⑪荆氏：虚构的地名。

⑫拱：两手相合。把：一手所握。

⑬杙（yì）：小木桩，用来系牲畜。斩：指砍伐。

⑭围：指两臂合抱的长度。一说两手拇指和食指合拢起来的长度。

⑮高名：指地位高贵名声显赫的人家。丽：通“欐”，栋，即屋之中梁。

⑯樿（shàn）傍：指由独幅做成的棺木左右扇。

⑰解之：指祈祷神灵以消灾。颡（sǎng）：额。亢：高；“亢鼻”指鼻孔上仰。

⑱适：沉入河中以祭神。

⑲巫祝：巫师。

⑳以为：认为。

原文

支离疏[①]者，颐隐于脐[②]，肩高于顶，会撮指天[③]，五管[④]在上，两髀为胁[⑤]，挫针治繲[⑥]，足以糊口；鼓策播精[⑦]，足以食十人。上[⑧]征武士，则支离攘臂[⑨]而游于其间；上有大役，则支离以有常疾不受功[⑩]；上与病者粟，则受三钟[⑪]与十束薪。夫支离其形者，犹足以养其身，终其天年，又况支离其德者乎！

译文

有个名叫支离疏的人，脸面隐藏在肚脐下，双肩高于头顶，后脑下的发髻指向天空，五脏的穴位皆在脊背之间，两条大腿和两边的胸肋并生在一起。他给人缝衣浆洗，足够吃饱度日；又替人筛糠簸米，足可养活十口人。国君征兵时，支离疏捋袖扬臂在征兵人面前走来走去；国君有大的差役，支离疏因身有残疾而免除劳役；国君向残疾人赈济米粟，支离疏还领得三钟粮食十捆柴草。像支离疏那样形体残缺不全的人，还足以养活自己，终享天年，又何况那些德行残缺的人呢！

---

①支离疏：假托的人名。“支离”隐含形体不全的意思，“疏”隐含泯灭其智的意思。

②颐：面颊。脐：肚脐。

③会撮：发髻。因为脊背弯曲，所以发髻朝天。

④五管：五脏的穴位。

⑤髀（bì）：股骨，这里指大腿。胁（xié）：腋下肋骨所在的部位。

⑥挫针：缝衣。繲：脏衣服。治繲：洗衣。

⑦鼓：簸动。策（cè）：小簸箕。播：扬去灰土与糠屑。

⑧上：指国君、统治者。

⑨攘（rǎng）：捋。“攘臂”指捋起衣袖伸长手臂。

⑩以：因。常疾：残疾。功：通作“工”，指劳役之事。

⑪钟：古代粮食计量单位，六斛四斗为一钟。

原文

孔子适①楚，楚狂接舆②游其门曰：“凤③兮凤兮，何如德之衰也[4]。来世不可待，往世不可追也。天下有道[5]，圣人成[6]焉；天下无道，圣人生焉。方今之时，仅免刑焉！福轻乎[7]羽，莫之知载[8]；祸重乎地，莫之知避。已乎，已乎[9]！临人以德。殆乎，殆乎！画地[10]而趋！迷阳迷阳[11]，无伤吾行！吾行郤曲[12]，无伤吾足。”

山木自寇[13]也；膏火自煎也[14]。桂[15]可食，故伐之；漆可用，故割之。人皆知有用之用，而莫知无用之用也。

译文

孔子到楚国，楚国隐士接舆有意来到孔子馆舍前，说：“凤鸟啊，凤鸟啊！你怎么怀有大德却来到这衰败的国家！未来的世代不可期待，过去的时日无法追回。天下得到了治理，圣人便成就了事业；国君昏暗天下混乱，圣人也只得顺应潮流苟全生存。当今这个时代，德如圣人怕就只能免遭刑辱。幸福比羽毛还轻，而不知道怎么受用；祸患比大地还重，而不知道怎么回避。算了吧，算了吧！不要在人前宣扬你的德行！危险啊，危险啊！不要画地为牢而自投罗网！遍地的荆棘啊，不要妨碍我的行走！弯弯曲曲的道路啊，不要伤害我的双脚！”

山上的树木皆因材质可用而自身招致砍伐；油脂燃起烛火皆因可以燃烧照明而自取熔煎。桂树皮芳香可以食用，因而遭到砍伐。树漆因为可以派上用场，所以遭受刀斧割裂。人们都知道有用的用处，却不懂得无用的更大用处。

①适：往。

②楚狂接舆：楚国的隐士，姓陆名通，字接舆。

③凤：凤鸟，这里用来比喻孔子。

④何如：如何，怎么。之：往。全句大意是，怎么怀有圣德却来到这衰乱之国。

⑤有道：指顺应规律使社会得到治理。

⑥成：指成就了事业。

⑦乎：于，比。

⑧莫：不。载：承受。

⑨已乎：算了。

⑩画地：在地面上画出道路来,喻指人为的规范让人们去遵循。

⑪迷阳：指荆棘。

⑫郤（xì）曲：屈曲，指道路曲折难行。

⑬寇：侵犯，掠夺。“自寇”意思是自取砍伐。

⑭膏：油脂。“自煎”意思是自取熔煎。

⑮桂：树名，其皮可作香料。

大宗师

大宗师，就是值得尊崇的老师，就是“道”。何为“道”？如何来修道？在这篇文章中有着本书最为完整、直接、重要的论道内容，同样也有着修道的途径与方法。有人以为大宗师是“真人”。“真人”就是不逆寡、不雄成、不谟士，天与人不相胜者。接着，文章以众多的具体事例来说明什么是道，道是相忘于江湖的自由，是随命随其自然的修养。最后，文章借颜回之口引出修道的途径：忘记仁义、忘记礼乐，达到坐忘，即归于道。道的修炼首先要破除儒家的仁义与礼乐的束缚，这是对儒家思想的批判，也是对本真自我的追求。可见庄子之修道与儒家之修身是为悖逆之道。

原文

知天之所为，知人之所为者，至矣！知天之所为者，天而生也；知人之所为者，以其知之所知，以养其知之所不知，终其天年而不中道夭者，是知之盛也。虽然，有患。夫知有所待而后当①，其所待者特②未定也。庸讵知吾所谓天之非人乎？所谓人之非天乎？且有真人而后有真知。

何谓真人？古之真人，不逆寡[3]，不雄成[4]，不谟士[5]。若然者，过而弗悔，当而不自得也[6]。若然者，登高不栗，入水不濡[7]，入火不热。是知之能登假[8]于道者也若此。

古之真人，其寝不梦，其觉无忧，其食不甘，其息深深。真人之息以踵[9]，众人之息以喉。屈服者，其嗌言若哇[10]。其耆[11]欲深者，其天机浅[12]。

古之真人，不知说生，不知恶死；其出不䜣[13]，其入不距[14]；翛然[15]而往，翛然而来而已矣。不忘其所始，不求其所终；受而喜之，忘而复之。是之谓不以心捐[16]道，不以人助天，是之谓真人。若然者，其心志[17]，其容寂，其颡頯[18]；凄然似秋，暖然似春[19]，喜怒通四时，与物有宜而莫知其极[20]。故圣人之用兵也，亡国[21]而不失人心；利泽[22]施乎万世，不为爱人。故乐通物，非圣人也；有亲[23]，非仁也；天时[24]，非贤也；利害不通，非君子也；行名失己[25]，非士也；亡身不真，非役[26]人也。若狐不偕、务光、伯夷、叔齐、箕子、胥馀、纪他、申徒狄[27]，是役人之役，适人之适[28]，而不自适其适者也。

古之真人，其状義而不朋[29]，若不足而不承；与乎其觚而不坚也[30]，张乎其虚而不华也[31]；邴邴[32]乎其似喜乎，崔崔[33]乎其不得已乎，滀乎[34]进我色也，与乎止我德也[35]；厉乎其似世也[36]，謷乎其未可制也[37]；连乎其似好闭也[38]，悗乎[39]忘其言也。以刑为体[40]，以礼为翼，以知为时[41]，以德为循。以刑为体者，绰乎[42]其杀也；以礼为翼者，所以行于世也；以知为时者，不得已于事也；以德为循者，言其与有足者至于丘也，而人真以为勤行者也。故其好之也一，其弗好之也一。其一也一，其不一也一。其一与天为徒[43]，其不一与人为徒。天与人不相胜也，是之谓真人。

译文

知道自然的作为，并且了解人的作为，这就达到了认识的极点。知道自然的作为，是懂得事物出于自然；了解人的作为，是用他智慧所通晓的知识哺育、熏陶他智慧所未能通晓的知识，直至自然死亡而不中途夭折，这恐怕就是认识的最高境界了。虽然这样，还是存在忧患。人们的知识一定要有所依凭方才能认定是否恰当，而认识的对象却是不稳定的。怎么知道我所说的本于自然的东西不是出于人为呢？怎么知道我所说的人为的东西又不是出于自然呢？况且有了“真人”方才有真知。

什么叫作“真人”呢？古时候的“真人”，不拒绝薄德无智慧的愚人，不自恃成功雄踞他人，也不图谋琐事。像这样的人，错过了时机不后悔，赶上了机遇不得意。像这样的人，登上高处不战慄，下到水里不会沾湿，进入火中不觉灼热。这只有智慧能通达大道境界的人方才能像这样。

古时候的“真人”，他睡觉时不做梦，他醒来时不忧愁，他吃东西时不求甘美，他呼吸时气息深沉。“真人”呼吸凭借的是着地的脚跟，而一般人呼吸则靠的只是喉咙。爱争辩的人理屈词穷时，言语在喉前吞吐就像哇哇地呕吐。那些嗜好和欲望太深的人，他们天生的智慧也就很浅。

古时候的“真人”，不懂得喜悦生存，也不懂得厌恶死亡；出生不欣喜，入死不抗拒；无拘无束地来到人世，自由自在地回归自然。不忘记自己从哪儿来，也不寻求自己往哪儿去；承受什么际遇都欢欢喜喜，忘掉死生像是回到了自己的本体。这就叫作不用心智去损害大道，也不用人为的因素去帮助自然。这就叫“真人”。像这样的人，他的内心忘掉了周围的一切，他的容颜淡漠安闲，他的面额质朴端严；冷肃得像秋天，温暖得像春天，高兴或愤怒跟四时更替一样自然无饰，和外界事物合宜相称而没有谁能探测到他精神世界的真谛。所以古代圣人使用武力，灭掉敌国却不失掉敌国的民心；利益和恩泽广施于万世，却不是为了偏爱什么人。所以乐于交往取悦外物的人，不是圣人；有偏爱就算不上是“仁”；伺机行事，不是贤人；不能看到利害的相通和相辅，算不上是君子；办事求名而失掉自身的本性，不是有识之士；丧失身躯却与自己的真性不符，不是能役使世人的人。像狐不偕、务光、伯夷、叔齐、箕子、胥馀、纪他、申徒狄，这样的人都是被役使世人的人所役使，都是被安适世人的人所安适，而不是能使自己得到安适的人。

古时候的“真人”，形象高大而不矜持，好像不足却又无所承受；态度安闲自然、特立超群而不执着顽固，襟怀宽阔虚空而不浮华；怡然欣喜像是格外地高兴，一举一动又像是出自不得已！容颜和悦令人喜欢接近，与人交往德性宽和让人乐于归依；气度博大像是宽广的世界！高放自得从不受什么限制；绵邈深远好像喜欢封闭自己，心不在焉的样子又好像忘记了要说的话。把刑律当作主体，把礼仪当作羽翼，用已掌握的知识去等待时机，用道德来遵循规律。把刑律当作主体的人，那么杀了人也是宽厚仁慈的；把礼仪当作羽翼的人，用礼仪的教诲在世上施行；用已掌握的知识去等待时机的人，是因为对各种事情出于不得已；用道德来遵循规律，就像是说大凡有脚的人就能够登上山丘，而人们却真以为是勤于行走的人。所以说人们所喜好的是浑然为一的，人们不喜好的也是浑然为一的。那些同一的东西是浑一的，那些不同一的东西也是浑一的。那些同一的东西跟自然同类，那些不同一的东西跟人同类。自然与人不可能相互对立而相互超越，具有这种认识的人就叫作“真人”。

---

①有所待：有所依凭。庄子认为人们的认识和了解都离不开认识、了解的对象。当：恰当、正确。

②特：独。

③逆：针对，对付。寡：少，指薄德无智的愚人。

④雄成：雄据自己的成绩，即凭借自己取得的成绩而傲视他人、凌驾他人。成：成功。

⑤谟：图谋、算计。士：通“事”。谟士的意思是采用不正当手段谋取士人的信赖。

⑥当：恰巧，正好。自得：自以为得意。

⑦濡（rú）：沾湿。

⑧假：至、达到。

⑨踵：脚后跟。

⑩嗌（ài）：咽喉闭塞。“嗌言”是说言语吞吐像堵在喉咙似的。哇（wā）：呕吐。

⑪耆：通“嗜”，嗜好。

⑫天机：天生的神智。浅：低下，迟钝。

⑬“出”这里指出生于世，与下句“入”（指死亡）相对为文。以下的“往”和“来”也是指人的死和生。䜣（xīn）：同“欣”，高兴。

⑭距：通“拒”，拒绝、回避。

⑮翛（xiāo）然：无拘束，自由自在的样子。

⑯捐：当为“损”字之讹，损害的意思。

⑰志：有志于道。

⑱頯（sǎng）：额。頯（kuí）：广大。

⑲暖然似春：令人可亲可爱，像春天那样温暖。

⑳宜：合适、相称。极：本意为所至之境，这里指迹象。

㉑亡国：亡人之国。

㉒利泽：利益和恩泽。

㉓亲：这里指偏爱。庄子主张至人无亲，任理自存，因而有了偏爱就算不上是“仁”。

㉔天时：选择时机。

㉕行名：做事为取名声。行名失己：品行和名声不符而失去本真。

㉖役：役使、驱遣。

㉗狐不偕、务光、伯夷、叔齐、箕子、胥馀、纪他、申徒狄：皆人名，传说中远古时代（唐尧、夏禹、商汤时代）的贤人，有的为不愿接受天下，有的为忠谏不被采纳，或投水而死，或饿死，或被杀害。

㉘适：安适，舒畅。

㉙状：外部的表情和神态。義（é）：通“峨”，高大。朋（bēng）：通“崩”，崩坏。

㉚与乎：容与，态度自然安闲的样子。觚（gū）：通“孤”，特立超群。坚：这里是固执的意思。

㉛张乎：广大的样子，这里指内心宽宏、开阔。华：浮华。

㉜邴（bǐng）邴：和适的样子。

㉝崔：动的样子。

㉞滀（chù）乎：本指水停聚的样子，这里引申为形容人的容颜和悦而

有光泽。

㉟与：交往，待人接物。止：归。

㊱厉：当作“广”，言精神博大好像包容了世界。世：通“大”。

㊲謷（áo）：通“傲”，高放自得的样子。制：限止。

㊳连乎：绵邈深远的样子。闭：闭口缄默。

㊴悗（mèn）乎：心不在焉的样子。

㊵以刑为体：把刑律当作主体。

㊶为时：等待时机。

㊷绰乎：宽大的样子。

㊸徒：徒属，这里是同类的意思。

原文

死生，命[①]也。其有夜旦之常[②]，天也。人之有所不得与[③]，皆物之情也。彼特以天为父，而身犹爱之，而况其卓[④]乎！人特以有君为愈[⑤]乎己，而身犹死之[⑥]，而况其真[⑦]乎！

泉涸[⑧]，鱼相与处于陆，相呴[⑨]以湿，相濡以沫[⑩]，不如相忘于江湖。与其誉尧而非桀也，不如两忘而化[⑪]其道。

夫大块载我以形[⑫]，劳我以生，佚[⑬]我以老，息我以死。故善吾生者，乃所以善吾死也。夫藏舟于壑[⑭]，藏山[⑮]于泽，谓之固矣。然而夜半有力者负之而走，昧[⑯]者不知也。藏小大有宜[⑰]，犹有所遁[⑱]。若夫藏天下于天下而不得所遁，是恒[⑲]物之大情也。特犯[⑳]人之形而犹喜之，若人之形者，万化而未始有极也，其为乐可胜[㉑]计邪？故圣人将游于物之所不得遁而皆存。善妖[㉒]善老，善始善终，人犹效之，又况万物之所系而一化之所待乎[23]！

夫道有情有信[24]，无为无形；可传[25]而不可受，可得[26]而不可见；自本自根，未有天地，自古以固存；神鬼神帝[27]，生天生地；在太极之先而不为高[28]，在六极[29]之下而不为深，先天地生而不为久，长于上古而不为老。狶韦氏得之[30]，以挈[31]天地；伏戏氏[32]得之，以袭气母[33]；维斗[34]得之，终古不忒[35]；日月得之，终古不息；堪坏[36]得之，以袭昆仑；冯夷[37]得之，以游大川；肩吾[38]得之，以处大山；黄帝[39]得之，以登云天；颛顼得之，以处玄宫[40]；禺强[41]得之，立乎北极；西王母[42]得之，坐乎少广，莫知其始，莫知其终；彭祖得之，上及有虞，下及五伯[43]；傅说[44]得之，以相武丁，奄[45]有天下，乘东维[46]，骑箕尾[47]，而比于列星。

译文

死和生均非人为之力所能安排，犹如黑夜和白天交替那样永恒地变化，完全出于自然。有些事情人是不可能参与和干预的，这都是事物自身变化的实情。人们总是把天看作生命之父，而且终身爱戴它，何况那特立高超的“道”呢！人们还总认为国君的才智、地位是一定超越自己的，而且终身愿为国君效死，又何况对待无与伦比的道呢！

泉水干涸了，鱼儿困在陆地上相互依偎，互相大口出气来取得一点湿气，以唾沫相互润湿，不如将过去江湖里的生活彻底忘记。与其赞誉唐尧的圣明而非议夏桀的暴虐，不如把他们都忘掉而融化混同于“道”。

大地用形体托载我，并且用生存来勤苦我，用衰老来闲适我，用死亡来安息我。所以，把我的出生看作好事的，也就因此而可以把我的死亡看作好事。将船儿藏在大山沟里，将渔具藏在深水里，可以说是十分牢靠了。然而半夜里有个大力士把它背着跑了，睡梦中的人们还一点儿也不知道。将小东西藏在大东西里是适宜的，不过还是会有丢失。假如把天下藏在天下里就不会丢失，这就是事物固有的真实之情。人们一旦被大自然铸成人形便十分欣喜，至于像人的形体的情况，在万千变化中从不曾有过穷尽，因有形体而欣喜那快乐之情难道还能够计算清楚吗？所以，圣人将生活在各种事物都不会丢失的环境里而与万物共存亡。以少为善以老为善，以始为善以终为善，人们尚且加以效法，又何况对待那万物所连缀、各种变化所依托的"道"呢！

"道"是真实而又确凿可信的，然而它又是无为和无形的；"道"可以感知却不可以口授，可以领悟却不可以目见；"道"自身就是本、就是根，还未出现天地的远古时代"道"就已经存在；它变化莫测，产生天地；它在太极之上却并不算高，它在六极之下却并不算深，它先于天地存在还不算久，它长于上古还不算老。狶韦氏得到它，用来统驭天地；伏羲氏得到它，用来调和元气；北斗星得到它，永远不会改变方位；太阳和月亮得到它，永远不停息地运行；堪坏得到它，用来入主昆仑山；冯夷得到它，用来巡游大江大河；肩吾得到它，用来驻守泰山；黄帝得到它，用来登上云天；颛顼得到它，用来居处玄宫；禺强得到它，就自立为北海之神；西王母得到它，用来坐镇少广山，没有人能知道它的开始，也没有人能知道它的终结；彭祖得到它，从远古的虞舜时代一直活到五霸时代；傅说得到它，用来辅佐武丁，统辖整个天下，驾驭东维星、箕宿和尾宿，而永远排列在星神的行列里。

---

①命：这里指不可避免的、非人为的作用，即自然规律。

②有：通“犹”。常：持续不断。

③与：参与，干预。

④卓：特立，高超；这里实指“道”。

⑤愈：胜，超过。

⑥死之：这里讲作“为之而死”，即为国君而献身。

⑦真：这里指的是“道”。

⑧涸（hé）：水干。

⑨呴（xǔ）：张口出气。

⑩濡:沾湿。沫：唾沫，即口水。

⑪化：融化、混同。

⑫大块：大地。载：托载。

⑬佚（yì）：通“逸”，闲逸。

⑭壑（hè）：深深的山谷。

⑮山（shàn）：通“汕”，捕鱼的用具。

⑯昧：通“寐”，睡着。

⑰藏小大：即“藏小于大”。宜：合适，适宜。

⑱遁：逃脱、丢失。

⑲恒：常有、固有。

⑳犯：通“范”，铸造。

㉑胜（shēng）：尽。

㉒妖：通“夭”，少、小。

㉓系：关联、连缀。一：全。待：依靠、凭借。

㉔情、信：真实、确凿可信。

㉕传：传递、感染、感受。

㉖得：体会、领悟。

㉗神鬼神帝：变化莫测。

㉘太极：派生万物的本原，即宇宙的初始。先：据上下文理和用词对应的情况看，“先”字当作“上”字，这样“太极之上”对应下句“六极之下”，且不与“先天地”一句重复。

㉙六极：指天、地与四方。

㉚狶（shǐ）韦氏：传说中远古时代的帝王。之：指大道。

㉛挈（qiè）：提挈，这里含有统领、驾驭的意思。

㉜伏戏氏：即伏羲氏，传说中的古代帝王。

㉝袭：合。气母：元气之母，即古人心目中宇宙万物初始的物质。

㉞维斗：北斗星。

㉟忒（tè）：差错。

㊱堪坏（huài）：传说中人面兽身的昆仑山神。

㊲冯夷：传说中的河神。

㊳肩吾：传说中的泰山之神。

㊴黄帝：即轩辕氏，传说中的古代帝王，中原各族的始祖。

㊵颛顼（zhuān xū）：传说为黄帝之孙，即帝高阳。玄：黑。颛顼又称玄帝，即北方之帝，“玄”为黑色，为北方之色，所以下句说“处玄宫”。

㊶禺强：水神。

㊷西王母：古代神话中的女神，居于少广山。

㊸五伯：伯，通“霸”。五霸指夏朝的昆吾、殷商的大鼓、豖韦，周朝的齐桓公、晋文公。

㊹傅说（yuè）：殷商时代的贤才，辅佐高宗武丁，成为武丁的相。

㊺奄：覆盖、包括。

㊻乘：驾驭。东维：星名，在箕星、尾星之间。

㊼骑：驾驭。箕、尾：星名，为二十八宿中的两个星座。

原文

南伯子葵问乎女偊曰[①]："子之年长矣，而色若孺子[②]，何也？"曰："吾闻道矣。"南伯子葵曰："道可得学邪？"曰："恶[③]！恶可！子非其人也。夫卜梁倚有圣人之才而无圣人之道[④]，我有圣人之道而无圣人之才。吾欲以教之，庶几其果为圣人乎[⑤]？不然，以圣人之道告圣人之才，亦易矣。吾犹守[⑥]而告之，参日而后能外天下[⑦]；已外天下矣，吾又守之，七日而后能外物；已外物矣，吾又守之，九日而后能外生；已外生矣，而后能朝彻[⑧]；朝彻，而后能见独[⑨]；见独，而后能无古今；无古今，而后能入于不死不生。杀[⑩]生者不死，生生者不生。其为物，无不将[⑪]也，无不迎也，无不毁也，无不成也，其名为撄宁[⑫]。撄宁也者，撄而后成者也。"

南伯子葵曰："子独恶乎闻之？"曰："闻诸副墨之子，副墨之子闻诸洛诵之孙，洛诵之孙闻之瞻明，瞻明闻之聂许，聂许闻之需役，需役闻之於讴，於讴闻之玄冥，玄冥闻之参寥，参寥闻之疑始[⑬]。"

译文

南伯子葵向女偊问道："你的岁数已经很大了，可是你的容颜却像童子，这是什么缘故呢？"女偊回答："我得'道'了。"南伯子葵说："'道'可以学习吗？"女偊回答说："不！怎么可以呢！你不是可以学习'道'的人。卜梁倚有圣人的天资，却没有圣人虚淡的心境，我有圣人虚淡的心境，却没有圣人的天资。我想用虚淡的心境来教导他，恐怕他果真能成为圣人哩！然而却不是这样，把圣人虚淡的心境传告具有圣人才气的人，应是很容易的。我还是有保留地把大道传授给他，三天之后，他便能遗忘天下；他既已遗忘天下，我又有保留地把大道传授给他，七天之后，他能遗忘万物；既已遗忘外物，我又有保留地把大道传授给他，九天之后，他便能遗忘自身的存在；既已遗忘自身，而后心境便能如朝阳一般清新明彻；能够心境如朝阳般清新明彻，而后就能够感受那绝无所待的'道'了；既已感受了'道'，而后就能超越古今的时限；既已能够超越古今的时限，而后便进入无所谓生、无所谓死的境界。摒除了生也就没有死，留恋于生也就不存在生。作为万物之宗，'道'无不有所送，也无不有所迎，无不有所毁，也无不有所成，这就叫作'撄宁'。撄宁，意思就是不受外界事物的纷扰，而后保持心境的宁静。"

南伯子葵又问："你是怎么得'道'的呢？"女偊又回答说："我从副墨的儿子那里听到的，副墨的儿子从洛诵的孙子那里听到的，洛诵的孙子从瞻明那里听到的，瞻明从聂许那里听到的，聂许从需役那里听到的，需役从於讴那里听到的，於讴从玄冥那里听到的，玄冥从参寥那里听到的，参寥从疑始那里听到的。"

---

①南伯子葵、女偊（yǔ）：虚构人物。

②孺子：幼儿，孩童。

③恶（wū）：这里是批驳、否定对方的言词，义同"不"。

④卜梁倚：人名，虚构人物。才：天资。道：指虚心散淡的心境。

⑤庶几：也许、大概。果：果真。

⑥守：持守，修守，这里指内心凝寂，善于自持而不容懈怠。

⑦参：同“三”。外：遗忘。

⑧朝：通“昭”，朝阳。彻：明彻。

⑨独：一。

⑩杀：灭除，含有摒弃、忘却之意。

⑪将：送。

⑫撄（yīng）：扰乱。撄宁：意思是不受外界事物的纷扰，保持心境的宁静。

⑬副墨：指文字。洛诵：指背诵。瞻明：指目视明晰。聂许：指附耳私语。需役：指勤行不怠。於讴：指吟咏领会。玄冥：指深远虚寂。参寥：指高旷寥远。疑始：指迷茫而无所本。

原文

子祀、子舆、子犁、子来四人相与语曰①：“孰能以无为首，以生为脊，以死为尻②：孰知死生存亡之一体者，吾与之友矣。”四人相视而笑，莫逆于心③，遂相与为友。俄而子舆有病，子祀往问④之。曰：“伟哉！夫造物者将以予为此拘拘⑤也！曲偻发背⑥，上有五管⑦，颐隐于齐⑧，肩高于顶，句赘指天⑨。”阴阳之气有沴⑩，其心闲而无事，跰䠴⑪而鉴于井，曰：“嗟乎！夫造物者又将以予为此拘拘也！”

子祀曰：“女恶⑫之乎？”曰：“亡⑬，予何恶！浸假而化予之左臂以为鸡⑭，予因以求时夜⑮；浸假而化予之右臂以为弹，予因以求鸮炙⑯；浸假而化予之尻以为轮，以神为马，予因以乘之，岂更驾哉⑰！且夫得者⑱，时⑲也；失者，顺⑳也。安时而处顺，哀乐不能入也，此古之所谓县解[21]也；而不能自解者，物有结之。且夫物不胜天久矣，吾又何恶焉？”

俄而子来有病，喘喘然[22]将死，其妻子环而泣之[23]。子犁往问之，曰：“叱[24]！避！无怛化[25]！”倚其户与之语曰：“伟哉造化！又将奚以汝为[26]？将奚以汝适？以汝为鼠肝乎？以汝为虫臂乎？”子来曰：“父母于子，东西南北，唯命之从。阴阳[27]于人，不翅[28]于父母。彼近吾死而我不听，我则悍矣，彼何罪焉？夫大块载我以形，劳我以生，佚我以老，息我以死。故善吾生者，乃所以善吾死也。今之大冶铸金[29]，金踊跃曰：‘我且必为镆铘[30]’！大冶必以为不祥[31]之金。今一犯[32]人之形而曰‘人耳！人耳！’夫造化者必以为不祥之人。今一以天地为大炉，以造化为大冶，恶乎往而不可哉！”成然寐[33]，蘧然觉[34]。

译文

子祀、子舆、子犁、子来四个人在一块相互交谈说：“谁能够把无当作头，把生当作脊柱，把死当作尾骨，谁能够通晓生死存亡浑为一体的道理，我们就可以跟他交朋友。”四个人都会心地相视而笑，心心相契却不说话，于是相互交往成为朋友。不久子舆生了病，子祀前去探望他。子舆说：“伟大啊，造物者！把我变成如此曲屈不伸的样子！”子舆腰弯背驼，背上生疮，五脏穴口朝上，面颊隐藏在肚脐之下，肩部高过头顶，发髻向上竖起。阴阳二气不和酿成灾害，可是子舆的心里却十分闲逸，并不把形体的残废放在心里，蹒跚地来到井边，对着井水照看自己，说：“哎呀，造物者竟把我变成如此曲屈不伸的丑态！”

子祀说：“你讨厌这曲屈不伸的样子吗？”子舆回答：“没有，我怎么会讨厌这副样子！假令造物者逐渐把我的左臂变成公鸡，我便用它来报晓；假令造物者逐渐把我的右臂变成弹弓，我便用它来打鸮鸟烤熟了吃。假令造物者把我的臀部变化成为车轮，把我的精神变化成骏马，我就用来乘坐，难道还要更换别的车马吗？我生下来，是应时而生；我死去，是顺时而去。安于适时而处之顺应，悲哀和欢乐都不会侵入心房，这就是古人所说的解脱了倒悬之苦，然而不能自我解脱的原因，则是受到了阴阳之气的束缚。人不能战胜自然的变化已经很久很久，我又怎么能厌恶自己现在的变化呢？”

不久，子来也生病了，气息急促将要死去，他的妻子儿女围在床前哭泣。子犁前往探望，说：“嘿，走开！不要惊扰他由生而死的变化！”子犁靠着门框跟子来说话：“伟大啊，造物者！又将把你变成什么，把你送到何方？把你变化成老鼠的肝脏吗？把你变化成虫蚁的臂膀吗？”子来说：“父母对于子女，无论东西南北，他们都只能听从吩咐调遣。自然的变化对于人，则不啻于父母。它使我靠拢死亡而我却不听从，那么我就太蛮横了，而它有什么过错呢！大地把我的形体托载，用生存来劳苦我，用衰老来闲适我，用死亡来安息我。所以把我的存在看作是好事，也因此可以把我的死亡看作是好事。现在如果有一个高超的冶炼工匠铸造金属器皿，金属熔解后跃起说‘我将必须成为良剑莫邪’，冶炼工匠必定认为这是不吉祥的金属。如今人一旦承受了人的外形，便说‘成人了！成人了！’造物者一定会认为这是不吉祥的人。如今把整个浑一的天地当作大熔炉，把造物者当作高超的冶炼工匠，用什么方法来驱遣我而不可以呢？”于是安闲熟睡似地离开人世，又好像惊喜地醒过来而回到人间。

---

①子祀、子舆、子犁、子来：寓言故事中假托虚构的人名。相与语：相互交谈。

②尻（kāo）：脊骨最下端，也泛指臀部。

③莫逆于心：彼此心境相通，无所违背。逆：违背。遂：于是。

④问：拜访、问候。

⑤拘拘：曲屈不伸的样子。

⑥曲偻（lóu）：同“伛偻”，弯腰驼背。发背：背上生疮。

⑦五管：五脏的穴口。

⑧颐（yí）：面颊。齐：通“脐”，肚脐。

⑨句（gōu）赘：发髻。指天：朝天。

⑩沴（lì）：气不和而相伤。这里形容阴阳之气错乱不调。

⑪跰蹮（pián xiān）：蹒跚，行步不稳的样子。

⑫恶（wù）：厌恶。

⑬亡：通“无”，没有。

⑭浸：渐渐。假：假令。

⑮时夜：司夜，即报晓的公鸡。

⑯鸮（xiāo）：斑鸠。炙（zhì）：烤熟的肉。“鸮炙”，即烤熟的斑鸠肉。

⑰更（gēng）：更换。驾：这里指车驾坐骑。

⑱得：指得到生命，与下句的“失”（表示死亡）相对应，“得”“失”也即生、死。

⑲时：适时。

⑳顺：指顺应了规律。

㉑县（xuán）：通“悬”，悬挂。“县解”即解脱倒悬。庄子认为人不能超脱物外，就像倒悬人一样其苦不堪，而超脱于物外则像解脱了束缚，七

情六欲也就不再成为负担。

㉒喘喘然：气息急促的样子。

㉓妻子：妻子儿女。环：围绕。

㉔叱：呵叱。

㉕怛（dá）：惊扰。化：变化，这里指人之将死。

㉖为：这里是改变、造就的意思。

㉗阴阳：这里指整个自然变化。

㉘不翅：不啻，不止。

㉙冶：熔炼金属。大冶：指熔炼金属高超的工匠。金：金属。

㉚踊跃：跃起。镆铘：亦作“莫邪”，宝剑名。相传春秋时代干将、莫邪夫妇两人为楚王铸剑，三年剑成，雄剑取名为“干将”，雌剑取名为“莫邪”。

㉛祥：善。

㉜犯：通“范”，铸造。

㉝成然：安闲熟睡的样子。寐：睡着，这里实指死亡。

㉞蘧（qú）然：忽然。觉：睡醒，这里喻指生还。

原文

子桑户、孟子反、子琴张三人相与友①，曰：“孰能相与于无相与，相为于无相为？孰能登天游雾，挠挑无极②，相忘以生，无所终穷？”三人相视而笑，莫逆于心，遂相与为友。

莫然有间③，而子桑户死，未葬。孔子闻之，使子贡往侍事④焉。或编曲，或鼓琴，相和而歌曰：“嗟来⑤桑户乎！嗟来桑户乎！而已反其真⑥，而我犹为人猗⑦！”子贡趋而进曰：“敢问临尸而歌，礼乎？”二人相视而笑曰：“是恶知礼意！”子贡反，以告孔子，曰：“彼何人者邪？修行[8]无有，而外其形骸[9]，临尸而歌，颜色不变，无以命[10]之。彼何人者邪？”孔子曰：“彼游方之外[11]者也，而丘游方之内者也。外内不相及，而丘使女往吊之，丘则陋[12]矣！彼方且与造物者为人[13]，而游乎天地之一气[14]。彼以生为附赘县疣[15]，以死为决疣溃痈[16]。夫若然者，又恶知死生先后之所在！假[17]于异物，托于同体；忘其肝胆，遗其耳目；反覆终始，不知端倪；芒然彷徨乎尘垢之外[18]，逍遥乎无为之业[19]。彼又恶能愦愦然[20]为世俗之礼，以观[21]众人之耳目哉！”

子贡曰：“然则夫子何方之依[22]？”孔子曰：“丘，天之戮民也[23]。虽然，吾与汝共之。”子贡曰：“敢问其方？”孔子曰：“鱼相造[24]乎水，人相造乎道。相造乎水者，穿池而养给[25]；相造乎道者，无事而生[26]定。故曰，鱼相忘乎江湖，人相忘乎道术。”子贡曰：“敢问畸人[27]。”曰：“畸人者，畸于人而侔[28]于天。故曰，天之小人，人之君子；人之君子，天之小人也。”

译文

子桑户、孟子反、子琴张三人相互结交为朋友，他们在一起谈话：“谁能够相互交往于无心交往之中，相互有所帮助却像没有帮助一样？谁能登上高天巡游无穷的太空，忘掉自己的存在，与道游于无穷之境呢？”三人会心地相视而笑，心心相印，无所违背，于是相互结成好友。

他们淡漠相交不久，子桑户死了，还没有下葬。孔子知道了，派弟子子贡前去吊唁和帮助料理丧事。孟子反和子琴张却一个在编曲，一个在弹琴，相互应和着唱歌：“哎呀，子桑户啊！哎呀，子桑户啊！你已经返归大道，可是我们还成为活着的人而托载形骸呀！”子贡听了，快步走到他们跟前说：“我冒昧地请教，对着死人的尸体唱歌，这合乎礼仪吗？”二人相视笑了笑，不屑地说：“你们这种人怎么会懂得‘礼’的真正含意！”子贡回来后把见到的情况告诉给孔子，说：“他们都是些什么样的人呢？不看重德行的培养而没有礼仪，把自身的形骸置之度外，面对着死尸还要唱歌，容颜和脸色一点也不改变，没有什么办法可以用来称述他们。他们究竟是些什么样的人呢？”孔子说：“他们都是些摆脱礼仪约束而逍遥于世外的人，我却是生活在具体的礼仪法度中的人。世外之人和世内之人彼此不相干涉，可是我却让你前去吊唁，我实在是浅薄呀！他们正跟造物者结为伴侣，而与大道浑然一体。他们把人的生命看作像赘瘤一样多余，他们把人的死亡看作是毒痈化脓后的溃破。像这样的人，又怎么会顾及死生先后的存在！假借于不同的物类，但最终寄托于同一的整体；忘掉了体内的肝胆，也忘掉了体外的耳目；从生到死，无尽地反复，但从不知道它们的头绪；茫茫然无所系累地逍遥于人世之外，逍遥自在地生活在无所作为的环境中。他们又怎么会烦乱地去做世俗的礼仪，而故意炫耀于众人的耳目之前呢！”

子贡说：“如此，那么先生将依从方外还是依从方内呢？”孔子说：“我孔丘，乃是苍天所惩罚的罪人。即使这样，我未能超脱，我仍将跟你们一道共游方外。”子贡问：“请问用什么方法呢？”孔子回答：“鱼相生于水，人相生于道。相生于水的鱼，掘地成池便给养充裕；相生于道的人，漠然无所作为便心性平适。所以说，鱼相忘于江湖里，人相忘于大道中。”子贡说：“再冒昧地请教‘畸人’的问题。”孔子回答：“所谓‘畸人’，就是不同于世俗而又等同于自然的人。所以说，自然的小人就是人世间的君子；人世间的君子就是自然的小人。”

---

①子桑户、孟子反、子琴张：庄子假托的人名。

②挠挑：宛转。无极：这里指没有穷尽的太空。

③莫然：即“漠然”，淡漠无心。有间：时间不长。

④侍事：吊唁和帮助办理丧事。

⑤嗟来：犹“嗟乎”，招魂时的叹词。

⑥而：通“尔”，你。反：返回。真：大道。“反其真”意思就是返归大道。

⑦猗（yī）：表示感叹语气，啊。

⑧修行：培养自己的德行。

⑨外其形骸：以其形骸为外，把自身的形骸置之度外，意思是不把死亡当作一件大事。

⑩命：名，称述。

⑪方之外：礼法之外，也就是世外。

⑫陋：浅薄，见识不广。

⑬人：偶。“为人”即相互作为朋友。

⑭天地之一气：指万物之初的混沌世界。

⑮附：附生。赘：肉瘤。县：通“悬”，悬生。疣（yóu）:瘤疖。附赘县疣：生长在人身上的瘿瘤，喻指多余的东西。

⑯疣（huàn）、痈（yōng）：均为毒疮。“决疣溃痈”指毒疮化浓而破溃。

⑰假：凭借。

⑱芒然：即茫然，无所系累的样子。彷徨：徘徊，走来走去，这里是自得逸乐的意思。尘垢：这里喻指人世。

⑲无为之业：无所作为的境界。

⑳愦愦（kuì）然：烦乱的样子。

㉑观：显示。

㉒夫子：指孔子。何方之依：依从何方。

㉓戮：刑戮。“天之戮民”意思是受到自然惩罚的人，即摆脱不了天的束缚的人。

㉔造：生。

㉕给：足。

㉖生：通“性”，心性。

㉗畸（jī）人：即奇异的人，这里指不合于世俗的人。

㉘侔（móu）：合，同。

原文

颜回问仲尼曰：“孟孙才[①]，其母死，哭泣无涕[②]，中心不戚[③]，居丧不哀。无是三者[④]，以善处丧盖[⑤]鲁国，固[⑥]有无其实而得其名者乎？回壹[⑦]怪之。”仲尼曰：“夫孟孙氏尽之矣，进[⑧]于知矣，唯简之而不得，夫已有所简矣[⑨]。孟孙氏不知所以生，不知所以死；不知就先[⑩]，不知就后；若[⑪]化为物，以待其所不知之化已乎！且方将化，恶知不化哉？方将不化，恶知已化哉？吾特与汝，其梦未始觉者邪！且彼有骇形而无损心[⑫]，有旦宅而无情死[⑬]。孟孙氏特觉，人哭亦哭，是自其所以乃[⑭]。且也相与‘吾之’耳矣，庸讵知吾所谓‘吾之’乎？且汝梦为鸟而厉[⑮]乎天，梦为鱼而没于渊。不识今之言者，其觉者乎？其梦者乎？造适不及笑[⑯]，献笑不及排[⑰]，安排而去化[⑱]，乃入于寥天[⑲]一。”

译文

颜回请教孔子说："孟孙才这个人，他的母亲死了，他哭泣时没有一滴眼泪，心中不觉悲伤，居丧时也不哀痛。这三个方面没有任何悲哀的表现，可是却因善于处理丧事而名扬鲁国，难道真会有无其实而有其名的情况吗？颜回实在觉得奇怪。"孔子说："孟孙才处理丧事的做法确实是尽善尽美了，大大超过了懂得丧葬礼仪的人。他希望从简治丧却不能办到，而他实际已经做到从简办理丧事了。孟孙才不过问人因为什么而生，也不去探寻人因为什么而死；不知道寻先生，也不知道寻后死；他像是正在变成物，期待那些自己所不知晓的变化！况且即将出现变化，怎么知道不变化呢？即将不再发生变化，又怎么知道已经有了变化呢！只有我和你呀，才是做梦似的没有一点儿觉醒的人呢！孟孙才认为他的母亲在变化中虽有形体之动，其心并无损耗；虽有惊忧，而并无精神之丧。唯独孟孙才觉醒，人们哭他也跟着哭，这就是他如此哭泣而不哀切的原因。况且人们交往总借助形骸而称述自我，又怎么知道我所称述的躯体一定就是我呢？而且你梦中变成鸟便振翅直飞蓝天，你梦中变成鱼便摇尾潜入深渊。不知道现在说话的我，算是醒悟的人呢，还是做梦的人呢？心境快适却来不及笑出声音，表露快意发出笑声却来不及安排是否妥当，安于大道的推移而且忘却死亡的变化，于是就进入到寂寥虚空的自然而与大道浑然成为一体。"

---

①孟孙才：人名，复姓孟孙，名才，鲁国人。

②涕：泪水。

③中心：心中。戚：悲痛。

④三者：指上述“哭泣不涕”“中心不戚”“居丧不哀”的三种表现。

⑤盖：覆，引申为闻名之意。

⑥固：竟，难道。

⑦壹：语气助词，表强调，实在，确实。

⑧进：胜，超过。

⑨唯：读为“虽”。夫：这里代指孟孙才。

⑩就：趋近，追求。先：这里实指“生”，与下句“后”字实指“死”相应。

⑪若：好像。

⑫骇形：指人死之后形体必有惊人的改变。心：精神。“损心”指情绪悲哀损伤心神。

⑬旦宅：通“怛咤”，惊忧。情：精神。

⑭乃：如此。

⑮厉：通“戾”，至、往。

⑯造：达到。适：快意。

⑰献笑：突然发笑。排：排解，消泄。

⑱安排：安于自然的推移。去化：忘却死亡的变化。

⑲寥天：寂寥，虚空。

原文

意而子[1]见许由，许由曰：“尧何以资[2]汝？”意而子曰：“尧谓我：汝必躬服仁义而明言是非[3]。”许由曰：“而奚来为轵[4]？夫尧既已黥[5]汝以仁义，而劓[6]汝以是非矣，汝将何以游夫遥荡恣睢转徙之涂乎[7]？”

意而子曰：“虽然，吾愿游于其藩[8]。”许由曰：“不然。夫盲者无以与乎眉目颜色之好[9]，瞽者无以与乎青黄黼黻之观[10]。”意而子曰：“夫无庄[11]之失其美，据梁[12]之失其力，黄帝之亡[13]其知，皆在炉捶[14]之间耳，庸讵知夫造物者之不息[15]我黥而补我劓，使我乘成[16]以随先生邪？”许由曰：“噫！未可知也。我为汝言其大略：吾师[17]乎！吾师乎！整[18]万物而不为义，泽[19]及万世而不为仁，长于上古而不为老，覆载天地、刻雕众形而不为巧。此所游已！”

译文

意而子拜访许由，许由说：“尧用什么东西来教诲你？”意而子说：“尧对我说，你一定得亲身实践仁义并明白无误地阐明是非。”许由说：“你怎么还要来我这里呢？尧已经用‘仁义’在你的额上刻下了印记，又用‘是非’割下了你的鼻子，你将凭借什么游处于逍遥放荡、纵任不拘、辗转变化的境界呢？”

意而子说：“虽然这样，我还是希望能游处于如此的境域。”许由说：“不对。有眼无珠的盲人没法跟他观赏娇好的眉目和容颜，瞎子没法跟他赏鉴礼服上各种不同颜色的华丽花纹。”意而子说：“无庄失去自己的美丽，据梁失去自己的勇力，黄帝失去自己的智慧，他们都因为经过了造物者的冶炼和锻打，怎么知道那造物者不会养息我受黥刑的伤痕和补全我受劓刑所残缺的鼻子，使我乘着浑全大道而跟随先生呢？”许由说：“唉！我不知道造物者是否能满足你的愿望。我还是给你说个大概吧：我的宗师大道啊！我的宗师大道啊！它调和万物并不认为是行义，把恩泽施于万世并不认为是仁慈，长于上古不认为是老，覆天载地、雕刻众物之形也不认为是技巧。这就是我逍遥大道的境界。”

①意而子：虚拟的人名。

②资：资助，这里是教诲的意思。

③躬服：亲身实践，身体力行。明言：明辨。

④而：通“尔”，你。轵（zhǐ）：通“只”，句末语气词。

⑤黥（qíng）：古代的一种刑法，用刀在受刑人的额上刺刻，而后以墨涂之。

⑥劓（yì）：古代的一种刑法，割去受刑人的鼻子。

⑦遥荡：逍遥放荡。姿睢：放任不拘。姿，通“恣”。转徙：辗转变化。涂：通“途”，道路。

⑧藩：篱笆，这里喻指受到一定约束的境域。

⑨与：赞许、赏鉴。

⑩瞽（gǔ）：瞎眼。“盲”指有眼无珠，“瞽”指眼瞎而无视力。黼黻（fǔ fú）：古代礼服上绣制的花纹。观：华丽。

⑪无庄：虚构的古代美人之名，寓含不装饰的意思。

⑫据梁：虚构的古代勇夫之名，寓含强梁之意。

⑬亡：丢失，忘却。

⑭炉捶：冶炼锻打。捶：通“锤”。

⑮息：养息。

⑯乘：载。成：备。“乘成”的意思是乘其浑全大道。

⑰师：这里实指“道”。

⑱整（jī）：同“齑”，碎，引申为调和之意。

⑲泽：恩泽。

原文

颜回曰：“回益[1]矣。”仲尼曰：“何谓也？”曰：回忘[2]仁义矣。”曰：“可矣，犹未也。”他日复见，曰：“回益矣。”曰：“何谓也？”曰：“回忘礼乐矣。”曰：“可矣，犹未也。”他日复见，曰：“回益矣。”曰：“何谓也？”曰：“回坐忘[3]矣。”仲尼蹴然[4]曰：“何谓坐忘？”颜回曰：“堕[5]肢体，黜[6]聪明，离形去[7]知，同于大通，此谓坐忘。”仲尼曰：“同则无好也，化则无常[8]也。而果其贤乎！丘也请从而后也。”

译文

颜回说：“我进步了。”孔子问道：“你的进步指的是什么？”颜回说：“我已经忘却仁义了。”孔子说：“好哇，不过还没有进入大道。”过了几天颜回再次拜见孔子，说：“我又进步了。”孔子问：“你的进步指的是什么？”颜回说：“我忘却礼乐了。”孔子说：“好哇，不过还没有进入大道。”过了几天颜回再次拜见孔子，说：“我又进步了。”孔子问：“你的进步指的是什么？”颜回说：“我静坐而忘掉一切了”。孔子惊奇不安地问：“什么叫静坐而忘掉一切？”颜回答道：“毁废了强健的肢体，退除了灵敏的听觉和清晰的视力，脱离了身躯并抛弃了智慧，从而与大道浑然相通为一体，这就叫静坐而忘掉一切。”孔子说：“与大道同一就没有偏好，顺应大道的变化就不执滞常理。你果真成了贤人啊！我也希望能跟随你学习而步你的后尘。”

---

①益：多，增加，进步。

②忘：忘记。矣：了。

③坐忘：端坐静心而物我两忘，从而进入大道境界。

④蹴（cù）然：惊奇不安的样子。

⑤堕：毁废。

⑥黜：退除。

⑦去：抛弃。

⑧无常：不执滞于常理。

原文

子舆与子桑友。而霖[1]雨十日，子舆曰："子桑殆病矣[2]！"裹饭而往食之[3]。至子桑之门，则若歌若哭，鼓琴[4]曰："父邪？母邪？天乎？人乎[5]？"有不任其声而趋举其诗焉[6]。子舆入，曰："子之歌诗，何故若是？"曰："吾思夫使我至此极者而弗得也。父母岂欲吾贫哉？天无私覆，地无私载，天地岂私贫我哉？求其为之者而不得也！然而至此极者，命[7]也夫！"

译文

子舆和子桑是好朋友。连绵的阴雨下了十日，子舆说："子桑恐怕已经饿坏了吧！"便包着饭食前去给他吃。来到子桑门前，就听见子桑好像在唱歌，又好像在哭泣，而且还弹着琴："使我贫困的是父亲呢？还是母亲呢？是天呢？还是人呢？"声音微弱好像禁不住感情的表达，急促地吐露着歌词。子舆走进屋子说："你歌唱的诗词，为什么这样不成音韵？"子桑回答说："我在探寻使我达到如此极度困乏和窘迫的是谁，然而没有找到。父母难道会希望我贫困吗？苍天没有偏私地覆盖着整个大地，大地没有偏私地托载着所有生灵，天地难道会单单让我贫困吗？我寻找使我贫困的东西，可是我没能找到。然而使我达到如此极度的困乏的境地的，大概是大道吧！”

---

①霖：连绵不断地下雨。

②殆：恐怕，大概。病：疾病严重，这里指饿坏了。

③裹饭：用东西包着饭食。食（sì）之：给他吃。

④鼓琴：弹琴。

⑤“父邪”四句意思是使自己贫困的是父亲、母亲，还是天和人呢？

⑥任：堪。“不任其声”是说声音衰微，禁不住内心感情的表达。趋：急促。“趋举其诗”是说急促地吐露出歌词。

⑦命：指自然，指大宗师的道。

秋 水

本篇题目取自文章的前两字。文章较长，看似杂乱，实则有章可循。第一部分为河伯与海神的对话，是文章的主体。第二部分以六个涉及病死的寓言来说明齐死生的大道。河伯与海神之间问答式的对话，一步步向我们展示了物无贵贱的道的世界。随后则以“万物一齐”的理论探讨了大小、贵贱、是非等相对性的道理，从而得到“夫物量无穷时无止，分无常”的境界。所谓“天”的提出就是要“无以人灭天，无以故灭命，无以得殉名”的“反其真”的大道，这才是文章的思想核心。

庄子是善于讲故事的，尤其是后面六则寓言，无一不是围绕着上述思想而展开。如“庄子钓于濮水”一则，即是对“无以人灭天”的证明。

原文

秋水时至，百川灌河[①]。泾流[②]之大，两涘渚[③]崖之间，不辩牛马。于是焉河伯[④]欣然自喜，以天下之美为尽在己。顺流而东行，至于北海[⑤]，东面而视，不见水端。于是焉河伯始旋其面目[⑥]，望洋向若而叹曰[⑦]：“野语[8]有之曰：‘闻道百，以为莫己若者[9]。’我之谓也。且夫我尝闻少仲尼之闻而轻伯夷之义者[10]，始吾弗信；今我睹子之难穷也，吾非至于子之门，则殆[11]矣，吾长见笑于大方之家[12]。”北海若曰：“井鱼不可以语于海者，拘于虚也[13]；夏虫不可以语于冰者，笃于时也[14]；曲士不可以语于道者[15]，束于教也。今尔出于崖涘，观于大海，乃知尔丑[16]，尔将可与语大理[17]矣。天下之水，莫大于海：万川归之，不知何时止而不盈[18]；尾闾[19]泄之，不知何时已而不虚；春秋不变；水旱不知[20]。此其过江河之流，不可为量数[21]。而吾未尝以此自多者，自以比形于天地，而受气于阴阳[22]，吾在天地之间，犹小石小木之在大山也。方存乎见[23]少，又奚以自多[24]！计四海之在天地之间也，不似礨空之在大泽乎[25]？计中国[26]之在海内，不似稊米之在大仓乎[27]？号物之数谓之万[28]，人处一焉；人卒九州[29]，谷食之所生，舟车之所通，人处一焉[30]。此其比万物也，不似豪[31]末之在于马体乎？五帝之所禅[32]，三王之所争[33]，仁人之所忧，任士[34]之所劳，尽此矣！伯夷辞[35]之以为名，仲尼语之以为博，此其自多也，不似尔向之自多于水乎[36]？”

译文

秋雨按时降下，河水上涨，千百条河流都灌注到黄河。黄河干流大大加宽，两岸之间，河中小洲之上，相互望去，连牛马都辨认不清。于是，河神欢欣鼓舞自满自足起来，以为天下的壮美景色尽在于此了。河神顺河流东行，到达渤海，往东面望去，看不到大海的边际。于是，河神改变自得的脸色，望着浩瀚无边的大海，仰视着海神若，对海神感叹说："俗语说：'闻知上百条道理后，自以为没有人能及得上自己。'说的就是我这样的人啊。我曾听说有人小看仲尼的见闻少，轻视伯夷的气节，起初我不相信；现在我看到你这等浩瀚无边，难于穷尽，我如果不到你这里来，那可就真的危险了，我将长久被深明大道的人笑话。"海神说："井里的鱼不可以和它讲大海，因为它局限在井中很小的地方；夏天的昆虫不可以同它讲冬天结冰的事，因为它受到自己生长时间的局限；见识短浅孤陋寡闻的人，不可以同他讲说大道理，是因为他所受教育的束缚。现在你走出黄河两岸，看见无边的大海，才知道自己的鄙陋，就可以同你谈论大道了。天下的河流，没有比海再大的了：千万条河都流归于它，没有休止的时候，而大海永不盈满；尾闾向外排泄海水，没有停止的时候，而海水永不枯竭；不因春秋季节流入水量多少不同而变化；陆上的旱涝大海也没有感觉。大海超过江河的水量，没有办法估量、计算。而我并没有因此而自满，因为我从天地那里寄托了形体，从阴阳那里秉受了元气，我在天地之间，如同小石块小树木在大山之中。正存有想必显得少的想法，又哪里会自以为多呢？算一算四海在天地之间，不也就像小土堆在大泽中一样吗？估算一下中原在四海之内，不也就像一粒稊米在大谷仓中一样吗？人们称谓物类数量为万，人只居其中之一；人众聚集九州，靠着谷物可以生长，靠着舟车可以通行之处，皆有人居，个人只是众人中之一。人与万物相比，不也就像一根绒毛末梢在马身上一样微小吗？五帝接连以禅让相传承的，三王以武力相争夺的，仁人所担忧的，贤能之士所操劳的，全都在这里了。伯夷辞让以博得好名声，仲尼谈论天下大事以显示博学，这种自满自足，不就像你以前自夸黄河的水暴涨时那么多一样吗？”

---

①秋水：秋雨。时至：按时降下。灌：流入。河：黄河。

②泾流：即水流。泾（jīng）：借作“巠”，水脉。

③涘（sì）：水边、岸边。渚（zhǔ）：水中陆地。

④河伯：古代神话传说中的黄河水神。

⑤北海：即渤海。

⑥旋：转。面目：脸色。

⑦望洋：正字当作“望阳”，仰视。若：海神。

⑧野语：俗语。

⑨百：泛指数量很多。莫己若：即莫若己，没有人及得上自己。

⑩少：看不起，轻视。仲尼：指孔子，仲尼是孔子的字。轻：轻视。伯夷：商朝末年孤竹国国君的儿子，不受君位，不食周粟，饿死在首阳山（今山西永济南）上。义：气节。

⑪殆：危险。

⑫大方之家：深明大道之人。

⑬拘：拘束，限制。虚：通“墟”，处所，所居之地。

⑭笃：固，亦为限制之意。时：时间。

⑮曲士：指识见短浅，孤陋寡闻的人。道：大道理。

⑯丑：鄙陋无知。

⑰大理：大道理。

⑱止：停止流入大海。盈：盈满。

⑲尾闾：传说中海水外泄的地方。

⑳水旱不知：涝也好，旱也好，大海不曾知道。

㉑不可为量数：不能够以数量来算计。

㉒比：读为“庇”，掩盖，遮蔽。气：元气。阴阳：指天地。

㉓见：通“现”，显现。

㉔奚以自多：哪里会感到自满呢？

㉕礨（lěi）空：小土堆，也有人说指小窟窿。大泽：大的水泽。

㉖中国：中原。

㉗稊（tí）：一种形似稗的草，其种子很小，制成米粒更细小。大仓：储粮的大仓。

㉘号：号称。物：物种。

㉙卒：通“萃”，聚。九州：古人把天下分为九州，这里指中国。

㉚人处一焉：此处“人”字与上句“人处一焉”之“人”字，含义不同，上句指人类全体，此指单个人。也就是九州之内，谷物生长，舟车通行之处都有人在，个人只是这千千万万人中之一。

㉛豪：通“毫”，动物长而细的毛。

㉜禅（shàn）：禅让。

㉝所争：以武力所争夺的。

㉞任士：以治世为己任的贤能之士。

㉟辞：辞让。

㊱向：以前、从前。自多于水：指河伯未至海前，识见狭小，以黄河之水自夸其多。

原文

河伯曰：“然则吾大天地而小毫末①，可乎？”北海若曰：“否。夫物量无穷②，时无止③，分无常④，终始无故⑤。是故大知观于远近⑥，故小而不寡，大而不多⑦，知量无穷；证向今故⑧，故遥而不闷⑨，掇而不跂⑩，知时无止；察乎盈虚⑪，故得而不喜，失而不忧，知分之无常也；明乎坦涂⑫，故生而不说⑬，死而不祸，知终⑭始之不可故也。计人之所知，不若其所不知；其生之时，不若未生之时；以其至小[15]，求穷其至大之域[16]，是故迷乱而不能自得也。由此观之，又何以知毫末之足以定至细之倪[17]？又何以知天地之足以穷至大之域？”

河伯曰：“世之议者皆曰：‘至精[18]无形，至大不可围[19]。’是信情[20]乎？”北海若曰：“夫自细视大者不尽，自大视细者不明。夫精，小之微也；垺，大之殷也[21]。故异便[22]，此势[23]之有也。夫精粗者，期于有形者也[24]；无形者，数之所不能分也[25]；不可围者，数之所不能穷也。可以言论者，物之粗也；可以意致[26]者，物之精也；言之所不能论，意之所不能察致者，不期[27]精粗焉。是故大人之行，不出乎害人，不多[28]仁恩；动不为利，不贱门隶[29]；货财弗争，不多[30]辞让；事焉不借人[31]，不多食乎力[32]，不贱贪污；行殊乎俗[33]，不多辟异[34]；为在从众，不贱佞谄[35]；世之爵禄不足以为劝[36]，戮耻[37]不足以为辱；知是非之不可为分，细大之不可为倪。闻曰：‘道人不闻[38]，至德不得[39]，大人无己[40]。’约分之至[41]也。”

译文

河神说：“既然这样，那么我以天地为大，以毫末为小，可以吗？”海神说：“不可以。物的体积是不能穷尽的，时间的流逝是没有止境的，得到与失去是没有定准的，人的生与死是没有不变的。所以大智慧的人观察远处和近处的一切事物，不因其小而视之为少，不因其大而视之为多，这就是知道万物的限量是没有穷尽的；能够验证和察明古与今变化无穷的情形，故而对遥远的古事不感厌倦，对拾掇可得的未来并不期望，这就是通晓时间是永不停息的；考察盈满和空虚之相互转化，因而得到了不足以欣喜，失去了不足以悲伤，这就是懂得得失不是恒常不变的；明白死生是平坦的大道，所以就不因生而高兴，不把死视为灾祸，这就是知道死生并没有常理。算起来人所知道的事情，远不如他所不知道的事多；人生存的时间，远不如死去的时间长；以其极有限的智慧和极短暂的生命去探求和明白无限发展变化的世界，因此陷入迷惑昏乱而茫然无所得。由此看来，从哪里可以知道毫末足以定为极小的界限呢？又从哪里可以知道天地足以穷尽至大的范围呢？”

河神说：“世间议论的人都说：‘最细微的物体，是看不见它的形状的；最大的物体，是无法度量其范围的。’这话真实可信吗？”海神说：“从细小处看庞大之物看不完全，从宏大处看细小之物看不清晰。精细之物，是指小中最微小的；巨大之物，是指大之外更庞大的。所以事物大小不同却各有各的相宜之处，这是物之趋势中所具有的必然现象。说到精和粗，是限于有形之物而言；至于至精无形之物，是数字所不能计量、剖分的；至大不可范围之物，是数字所不能穷尽的。可以言说议论的，是事物中粗略的部分；可以用意识而不能用言语谈论的，是事物中精微的部分；言语所不能谈论，意识所不能达到的，就不限于精粗之范围了。因此，道德高尚的人的行事，不有意害人，也不夸耀对人的仁爱和恩惠；行动不力求利，也不以求利之门隶为卑贱；不为财物而争夺，也不推崇辞让之德行；做事不借助他人，也不夸赞自食其力，不鄙视贪污之行；行事与世俗不同，却不是故意标新立异；所为顺从众人，不鄙视谄媚讨好的人；世间的高爵位厚俸禄不足以劝勉他，刑罚耻辱不足以羞辱他；因为他深明是非是不可分辨的，精细与巨大也无法划出边界。听说有这样说法，得道之人不闻名于世，大德之人无所得，大人没有自己。’依照事物的限度，只做分内的事，就算达到了至德的境界。”

---

①大天地：以天地为大。小毫末：以毫末为小。

②物量：物体的体积。物量无穷：物的体积是无穷尽的。

③时无止：时间永恒向前，没有止息的时候。

④分无常：得与失是没有标准的。

⑤故：通“固”，固定的意思。无故：物是不固定的，变化日新。

⑥大知：大智之人，领悟大道的圣人。知：通“智”。观于远近：指可以看见事物变化无穷、无止、无常、无故等。

⑦小而不寡，大而不多：小的事物也包含丰富内涵，故不以为少；大的东西与更大的相比，也是微不足道的，所以不以为多。

⑧证向今故：验证和察明古今变化无穷的情形。向：察明。故：同“古”。

⑨闷：厌倦。

⑩掇（duō）：拾取，指相距很近，随手可取。跂（qǐ）：通“企”，企望。

⑪盈虚：盈满与空虚。

⑫坦涂：平坦的大路。涂：通“途”。

⑬说：通“悦”，欣悦。

⑭终始：指死生。

⑮至小：极小。此指人的有限生命和智慧。

⑯穷：穷究、究极。至大之域：无限的世界。

⑰倪：尺度。

⑱精：细小。

⑲围：外围，范围。

⑳信情：实情。

㉑垺（fú）：通“郛”，外城，比喻恢廓宏大。殷：大。

㉒异便：物不相同却各有所宜。

㉓势：形势、趋势。

㉔期于：限于、限定于。有形者：有形可供感知和思维的对象。

㉕数之所不能分：不能用数字计量、划分。数：度数。

㉖意致：意识到的。

㉗不期：不限于。

㉘不多：不赞许。

㉙不贱门隶：不鄙视守门的家奴。

㉚多：崇尚、夸赞。

㉛事：从事。借人：借助别人之力。

㉜不多食乎力：不崇尚自食其力者。乎：于。

㉝行殊乎俗：行事与世俗不同。

㉞辟：通“僻”，邪僻。不多辟异：不赞许炫耀邪辟怪异之行为。

㉟从众：随俗。佞谄：以顺耳动听的言词奉承恭维人。

㊱爵禄：高官厚禄。劝：鼓励、劝勉，使之为善。

㊲戮耻：刑戮和罢官的耻辱。

㊳道人不闻：得道之人不闻名于世间。意思是说，得道者行无为而治，任民物按自然界生息变化，不加干预，故无功绩可寻，没有什么可供传闻歌颂的。

㊴至德不得：大德之人无所得。大德之人与道合一，无形无名，不能用名言概念表述其得，所以是无得，无得亦无失，是为至上之得。

㊵大人无己：大人摆脱形体束缚，把自己融于人物中，与造化一体。

㊶约分之至：依照事物的限度，只做分内的事，就算达到了至德的境界。

原文

河伯曰："若物之外，若[1]物之内，恶至而倪贵贱[2]？恶至而倪小大？"北海若曰："以道观之，物无贵贱[3]；以物观之，自贵而相贱[4]；以俗观之，贵贱不在己[5]。以差[6]观之，因其所大而大之，则万物莫不大；因其所小而小之，则万物莫不小。知天地之为稊米[7]也，知毫末之为丘山也，则差数[8]睹矣。以功[9]观之，因其所有而有之，则万物莫不有；因其所无而无之，则万物莫不[10]无。知东西之相反而不可以相无[11]，则功分[12]定矣。以趣[13]观之，因其所然[14]而然之，则万物莫不然；因其所非[15]而非之，则万物莫不非。知尧、桀之自然而相非[16]，则趣操[17]睹矣。昔者尧、舜让而帝，之、哙让而绝[18]；汤、武争而王，白公争而灭[19]。由此观之，争让之礼，尧、桀之行，贵贱有时，未可以为常[20]也。梁丽可以冲城[21]，而不可以窒穴[22]，言殊器[23]也；骐骥、骅骝一日而驰千里[24]，捕鼠不如狸狌[25]，言殊技也；鸱鸺夜撮蚤[26]，察毫末，昼出瞋目[27]而不见丘山，言殊性也。故曰：盖师是而无非[28]，师治而无乱乎？'是未明天地之理，万物之情[29]者也；是犹师天而无地，师阴而无阳，其不可行明矣。然且语而不舍[30]，非愚则诬[31]也。帝王殊禅，三代殊继[32]。差其时[33]，逆其俗者，谓之篡夫[34]！当其时，顺其俗者，谓之义徒[35]。默默[36]乎河伯，女恶知贵贱之门，小大之家[37]！"

译文

河神说："假若在物体的外表，假若在物体的内部，究竟应该从哪里区分它们的贵贱？从哪里区分它们的大小呢？"海神说："用自然之道来观察，万物没有贵贱之分；从万物自身角度观察，都是各自以为贵，而相互以对方为贱；以世俗通行的观念观察，物之贵贱决定于外而不在自身。从物的差别性观察，如果从所具大的方面把它视为大，则万物莫不是大；如果从所具小的方面把它视为小，则万物无不是小。明白天地虽然大，而比起更大的东西，它也像稊米那样小；豪末虽小，比起更小的东西，它也像大山那样大，则万物之间的数量差别就看清楚了。从事物具有的功能来看，顺着其具有功效一面看，万物没有不具有这种功效的；顺着其不具功效一面看，那么万物没有具有这种功效的。明白东与西方向相反又不可相互缺少的道理，那么万物的功能与分位就确定下来了。从万物的趋向观察，顺着其以为对的一面把它视为对，那么万物没有不是对的；顺着其以为错的一面把它看成错，那么万物没有不是错的。明白尧与桀的自以为是，而互以对方为非，那么人们的趋向和情操，就看清楚了。从前尧舜由禅让而称帝，燕王哙与子之却因禅让而遭灭绝；商汤与周武王凭借武力相争而为王，白公胜凭借武力争位却身死。由此看来，争夺与禅让的礼制，尧与桀的行为，其贵贱是因时而异的，不可以把它们看成是恒常不变的。粗大的梁木可用来冲撞城门，却不可用作于堵鼠穴，是说其器用不同；骐骥、骅骝一类良马可日行千里，捕捉老鼠却不如野猫和黄鼠狼，是说其技能不同；猫头鹰夜里可以抓住跳蚤，眼睛能够明察秋毫，白天出来睁大眼睛也看不见大山，是说其物性不同。俗话说：‘为什么不效法正确的而抛弃错误的，效法治理好的而抛弃混乱的呢？’这种说法是不了解天地事物变化的道理；这就如同只效法天而不要地，只效法阴而不要阳一样，这种做法行不通是很明显的。然而还是有人说个不休，不肯放弃，这样做不是愚昧无知便是存心骗人。五帝三王传授王位方式不同，夏商周三代王位继承方法也不一样。错过时代，违背世道人心的，称为篡夺者；合乎时代，顺应世道人心的，称为合乎正义的人。沉默不语吧，河神，你从哪里知道贵贱、大小的道理呢！”

---

①若：假若。

②恶至：从哪里、从何处。倪：划分，区分。

③以道观之，物无贵贱：用自然之道来看，万物没有什么贵贱分别。

④自贵而相贱：万物各从自身角度去观察他物，故皆以自身为贵，彼此以对方为贱。

⑤以俗观之，贵贱不在己：用世俗人的眼睛看人或物之贵贱，皆由世上通行看法为判定标准，以为贵则贵，以为贱则贱，不由人或物的自身确定。

⑥差：指万物的大小差别。

⑦稊米：细米。

⑧差数：数量差别。

⑨功：功效、功能、作用。

⑩莫不：没有不。

⑪知东西之相反而不可以相无：东与西是相反的，又是相成的、彼此以对方为存在条件，无东作比较，西也就不能成立。

⑫功分：功能与分位。

⑬趣：通“趋”，趋向。

⑭然：表肯定，是这样。

⑮非：表否定。

⑯相非：互以对方为非。

⑰趣操：志向和情超。

⑱让：禅让。之：指燕相子之。哙：指燕王哙。燕王哙在谋士苏代的蛊惑下，效法尧舜禅让古制，不顾世道民心，把王位让给子之，遭到国人反对，很快燕国大乱，齐国乘机进攻燕，杀掉燕王哙和子之，几乎使燕国灭亡。

⑲争：指以武力相争夺。白公：春秋末年楚平王的孙子，太子建之子，名胜，因封于白邑，称白公，在楚国争位内乱中，杀掉令尹子西与司马子期，一度占据楚都，后为叶公子高帅国人战败，逃往山中自缢而死。

⑳常：长久不变的准则。

㉑梁丽：皆指粗大的木料。梁：屋梁。丽，通“欐”，屋栋。冲：冲撞。

㉒窒穴：堵塞小孔、鼠洞之类。

㉓言殊器：这是说不同器物有不同功用。

㉔骐骥、骅骝：指日行千里的良马。骐：青黑色带有棋盘格子花纹的马。骅骝：相传为周穆王时造父所驾驭的八骏之一，泛指良马。

㉕狸狌（lí shēng）：狸为野猫，狌为黄鼠狼。

㉖鸱鸺（chī xiū）：即鸱鸮，猫头鹰，昼伏夜出之猛禽。撮蚤：抓取跳蚤。

㉗瞋（chēn）目：睁大眼睛。

㉘盖：通“盍”，何不。师：师法、效法。无：不要、去掉之意。

㉙情：本性。

㉚然且：然而还是。语而不舍：说个不停，不肯舍弃原来的看法。

㉛非愚则诬：不是愚昧便是欺骗。

㉜帝王殊禅：五帝三王之授位方式不同，有的以让，有的以争。三代殊继：夏商周三代王位继承方式不同，有的子继父位，有的以武力夺取。

㉝差其时：错过时代，不合历史潮流。

㉞篡夫：篡夺王位的人。

㉟义之徒：合乎正义之人。

㊱默默：沉默不语。

㊲女：通“汝”，你。门：门径，此指道理。家：学派如儒家、墨家等。这句的意思为：贵贱大小本无界限，你河伯又从哪里得知它的区分呢！

原文

河伯曰："然则我何为乎，何不为乎？吾辞受趣舍[1]，吾终奈何？"北海若曰："以道观之，何贵何贱，是谓反衍[2]；无拘而志[3]，与大道蹇[4]。何少何多，是谓谢施[5]；无一而行[6]，与道参差[7]。严乎若国之有君，其无私德[8]；繇繇乎若祭之有社[9]，其无私福；泛泛乎其若四方之无穷，其无所畛域[10]。兼怀万物[11]，其孰承翼[12]？是谓无方[13]。万物一齐，孰短孰长？道无终始，物有死生，不恃[14]其成。一虚一满，不位乎[15]其形。年不可举[16]，时不可止。消息盈虚[17]，终则有始。是所以语大义之方[18]，论万物之理也。物之生也，若骤若驰[19]，无动而不变，无时而不移[20]。何为乎，何不为乎？夫固将自化[21]。"

河伯曰："然则何贵[22]于道邪？"北海若曰："知道者必达于理，达于理者必明于权[23]，明于权者不以物害己。至德者，火弗能热，水弗能溺，寒暑弗能害，禽兽弗能贼。非谓其薄之[24]也，言察乎安危，宁于祸福[25]，谨于去就[26]，莫之能害也。故曰：'天在内，人在外，德在乎天[27]。'知天人之行，本乎天，位乎得[28]，蹢躅而屈伸[29]，反要而语极[30]。"曰："何谓天？何谓人？"北海若曰："牛马四足，是谓天；落马首[31]，穿牛鼻，是谓人。故曰：无以人灭天，无以故灭命[32]，无以得殉名[33]。谨守而勿失，是谓反其真[34]。"

译文

河神说："既然如此，那么我该做什么，不该做什么？对事物的辞让、接受、趋就和舍弃，我究竟应该怎么办呢？"海神说："从道的角度来观察，什么贵呀贱呀，都是说的反复转化过程；不要用传统成见去束缚你的心志，使其与大道相阻隔。什么少呀多呀，是说的新陈代谢交互为用的过程；不要偏执于一己之见去行事，而与大道不相一致。庄重威严像国君一样，对谁都没有私恩相加；悠闲自得像受祭的社神一样，对谁都不私加福佑；如向外延伸的大地一样，它是无所不在没有边界的。对万物兼容并包，岂有谁承受特殊庇护？这就是不偏向任何方面。万物原本是一样的，谁为短谁为长呢？大道是无始无终的，而万物有死有生，即使一时成功也不足以依赖。空虚盈满时时转化，并非拘守形体和名位。往昔的岁月无法回转，流逝的时间不能停止。天地万物的消亡生息，盈满空虚，终而复始变化不停。明白了以上道理，才能讲说大道的方向，论述万物的道理。万物的生长，如同奔马疾驰、马车疾行。万物无一动不在变化，无一时不在推移。什么是该做的，什么是不该做的？万物本来就在不断地变化。"

河神说："既然如此，那道还有什么可贵的地方呢？"海神说："深明大道的人必能通达事理，通达事理的人必能通达权变，通达权变的人不会让外物损害自己。真正获得大道的人，火不能使他烧伤，水不能使他陷溺，严寒酷暑不能使他受损伤，凶禽猛兽不能使他受残害。不是说至德的人迫近、触犯这些而不受害，是说他能明察安危，对穷塞与通达能安之若素，而不喜不惊处之泰然；能谨慎对待进退去留，所以就没有什么外物能损害他。古人说：

‘人的天性是在内的，社会环境对人的塑造影响是在外的，品德之美，在于天然形成。’知道自然与人为两方面，以自然为根本，处于虚极而自得的境界，或进退或屈伸，随时迁变而不执一，这便是返归大道之枢要而讲出了大道的极致、精粹。”河神说：“什么是天然？什么是人为？”海神说：“牛马长有四足，就是天然；给马带上笼头，给牛穿上鼻绳，就是人为。古人说：不要以人力来破坏天性，不要用造作来破坏天理，不要牺牲性命去谋求好名声。谨守天性不使失去，就是复归本性。”

---

①辞受趣舍：指人的辞让、接受、趋就、舍弃等行为。趣（qū），同“趋”，进取之意。

②反衍：反复，即向相反方向转化。

③拘：拘执，固执。而：通“尔”，你。无拘而志：不要用传统成见拘束你的心志。拘：拘执，固执。

④蹇（jiǎn）：违碍。

⑤谢：代谢。施：移，延伸。

⑥无：通“毋”，不要。无一：意思是不要偏执一己之见。

⑦参差：不合，背离。

⑧严：庄重威严。私德：意思是私爱。

⑨繇（yóu）繇：悠闲自得的样子。社：社神，即土地神。

⑩泛泛：形容无所不在。畛（zhěn）域：边界、界限。

⑪怀：包容、容纳。

⑫承翼：得到庇护。

⑬无方：没有固定方向，也就是不偏向任何方面。

⑭不恃：不可依赖。成：成功。

⑮位乎：处于。

⑯年不可举：往昔的岁月无法回转。举：复兴，引申为回转。

⑰消息盈虚：消亡、生息、盈满、空虚，指万物循环往复、变化日新的不断转化过程。

⑱大义：大理，大道。方：指深奥学问。

⑲骤：马儿急行。驰：马车快速奔跑的意思。

⑳移：推移、运动，这里指变化。

㉑固：本来。自化：指自行变化。

㉒贵：意动用法，以……为贵。

㉓权：权变。这句意思是，根据变化了的情况，用道理加以权衡处置，而不执一不通。

㉔薄之：迫近它、触犯它。

㉕察乎安危：对安危能明察。宁于祸福：对穷塞与通达能安之若命。宁：安。祸：穷塞。福：通达。

㉖去：退舍。就：进取。

㉗德在乎天：品德之美，在于天然形成。

㉘位乎得：处于虚极而自得的境界。

㉙蹢躅而屈伸：或进退或屈伸，随时迁变，不是固定不移的。蹢躅（zhí zhú）：通“踯躅”，进退不定的样子。

㉚反要而语极：返归道之枢要而讲出道之精粹和极致。

㉛落马首：给马首带上笼头。落：通“络”，马笼头，这里指羁勒。

㉜故：造作，指不管物之本性而随意妄作。如穿牛鼻、络马首虽是人为，却还合乎物之天性；如果穿马鼻、络牛首，那便是任意妄为了。命：指天理，也就是物性所具自然之理。

㉝殉：求。殉名：牺牲性命去求得好名声。

㉞反其真：复归人的本性。

原文

夔怜蚿，蚿怜蛇，蛇怜风，风怜目，目怜心[①]。夔谓蚿曰："吾以一足趻踔[2]而行，予无如矣[3]。今子之使万足，独奈何[4]？"蚿曰："不然。子不见夫唾者[5]乎？喷则大者如珠，小者如雾，杂而下者不可胜数也。今予动吾天机[6]，而不知其所以然[7]。"蚿谓蛇曰，"吾以众足行，而不及子之无足，何也？"蛇曰："夫天机之所动，何可易邪[8]？吾安用足[9]哉！"蛇谓风曰："予动吾脊胁而行，则有似也[10]。今子蓬蓬然[11]起于北海，蓬蓬然入于南海，而似无有，何也？"风曰："然。予蓬蓬然起于北海而入于南海也，然而指我则胜我[12]，鳍我亦胜我[13]。虽然，夫折大木，蜚大屋[14]者，唯我能也。故以众小不胜，为大胜[15]也。为大胜者，唯圣人能之。"

译文

独脚的夔仰慕多足的蚿，多足的蚿仰慕无足的蛇，无足的蛇仰慕无形的风，无形的风仰慕能看的眼睛，能看的眼睛仰慕能思索的心。夔对蚿说："我用一只脚跳着走路，我不如你。现在你用万只脚走路，究竟是如何使用这些脚的呢？"蚿说："不是这样的。你没有看见吐唾沫的情形吗？喷出的唾沫大的如水珠，小的如雾气，混杂着落下来，没有办法数得清。现在我运用天然的机能，而不知道它为什么要这样。"蚿对蛇说："我用众足行路而不及你没有脚走得快，是为什么呢？"蛇说："我依靠天然机能行走，怎么可以改变呢？我哪里用得着足呢？"蛇对风说："我运动脊背和肋部而爬行，则还是像有脚的样子；现在你呼呼地由北海刮起，又呼呼地吹入南海，而好像没有形迹似的，这是为什么呢？"风说："是的。我呼呼地从北海刮起而吹入南海。可是，人们用手指来阻挡我而我并不能吹断手指，人们用腿脚来踢踏我而我也不能吹断腿脚。虽然如此，那折断大树、吹起房屋的，也只有我能做得到。所以，在众多小的方面不能取胜，是为了取得大胜。能够取得无所不胜的，只有圣人才能做得到。”

---

①夔（kuí）：传说中形似牛的野兽，无角，一足。怜：羡慕、仰慕。蚿（xián）：多足虫，俗名百足。

②跉踔（chěn chuō）：跳着走的样子。

③予无如矣：我不如你。

④独：特。独奈何：究竟如何行走。

⑤唾者：吐唾沫的人。

⑥天机：天然的机能。

⑦这句的意思为，众足之动受天然的机能支配，我并不知道它究竟是怎么动的。

⑧动：行动，行走。易：改变。

⑨安用足：哪里用得着足呢。

⑩有似：像是在行走。

⑪蓬蓬然：风吹动时发出的呼呼之声。

⑫指我则胜我：人们用手指来阻挡我，而我并不能吹断手指。

⑬鰌：足踏。此句意为，风虽能自北海而南海，折木飞屋，但人可以用手指阻挡它，用足践踏它。

⑭蜚大屋：把大屋子吹得飞上天。蜚：通“飞”。

⑮为大胜：意思是无所不胜。

原文

孔子游于匡[①]，宋人围之数帀[②]，而弦歌不惙[③]。子路入见，曰：“何夫子之娱[④]也？”孔子曰：“来，吾语女。

我讳穷久矣[5]，而不免，命也；求通久矣，而不得，时[6]也。当尧、舜之时而天下无穷人[7]，非知得也；当桀、纣之时而天下无通人，非知失也，时势适然[8]。夫水行不避蛟龙者，渔父之勇也；陆行不避兕[9]虎者，猎夫之勇也；白刃交于前，视死若生者，烈士[10]之勇也；知穷之有命，知通之有时，临大难而不惧者，圣人之勇也。由，处矣[11]！吾命有所制[12]矣！”无几何，将甲者进[13]，辞曰：“以为阳虎[14]也，故围之；今非也，请辞而退。”

译文

孔子师徒游宦到匡邑，卫国人把他们层层包围起来，孔子唱诗奏乐的声音并没有因此而停下。子路进来见孔子说：“为什么先生还这样快乐呢？”孔子说：“来吧，我告诉你。我忌讳困窘很久了，而摆脱不掉，这是命该如此啊；我渴求通达很久了，而不能得到，这是时运不佳啊。处在尧、舜时代，天下没有困窘的人，不是因为他们智慧超群；处在桀、纣时代，天下没有通达的人，不是因为他们没有智慧，一切都是时运造成的呀。那些在水中行走不躲避蛟龙的人，是渔夫的勇敢；在陆上行走不躲避犀牛老虎的人，是猎人的勇敢；闪光的刀剑横在面前，把死看得如生一样平常，是烈士的勇敢；知道困窘是由于命运，知道通达是由于时机，遭逢大危难而不畏惧的，这是圣人的勇敢。仲由，你安心吧！我的命运是由老天安排定的。”没过多久，统领士兵的长官进来，道歉说：“我们以为你们是阳虎一伙，所以把你们包围起来；现在知道不是，请让我表示致歉而退兵。”

①匡：春秋时卫国邑名。

②帀（zā）：同“匝”，环绕一周。宋：当作“卫”。据《史记·孔子世家》载，孔子由卫去陈，路经匡邑。因以前阳虎攻打过匡邑，孔子长得很像阳虎，又因孔子弟子颜渊也曾与阳虎一起凌犯匡人，此次又恰好是他为孔子御车，所以匡人误以为阳虎重来，便出兵把他们包围起来。

③惙（chuò）：通“辍”，止。弦歌：弦指琴瑟之类乐器，歌为诵诗、唱诗，指孔子和弟子们虽被包围，仍在行礼作乐，唱诗并以琴瑟等乐器伴奏。

④娱：快乐。

⑤讳：忌讳。穷：指在仕途上，或在推行政治主张方面很不顺利。

⑥时：机遇，时势，时运的意思。

⑦穷人：困穷不得志之人。

⑧时势适然：时势、时运造成这样的。

⑨兕（sì）：犀牛一类猛兽，独角，青色，体重可达三千斤。

⑩烈士：古代泛指有志于功业或重义轻生的人，此指后者。

⑪处矣：安心吧。

⑫制：分限、限定。

⑬将：统帅。甲：指甲士，即着盔甲之兵士。

⑭阳虎：又名阳货，本为鲁国季孙氏家臣，后篡夺鲁国政权，把持大权达三年之久。鲁定公六年（公元前504年），带兵攻打匡邑，与匡人结仇。

原文

公孙龙问于魏牟曰[①]：“龙少学先王之道，长而明仁义之行；合同异，离坚白[②]；然不然，可不可[③]；困百家之知，穷众口之辩[④]。吾自以为至达已[⑤]。今吾闻庄子之言，汒然[⑥]异之。不知论之不及与，知之弗若与[⑦]？今吾无所开吾喙[⑧]，敢问其方[⑨]。”公子牟隐机大息[10]，仰天而笑曰："子独不闻夫坎井之蛙乎[11]？谓东海之鳖曰：'吾乐与！出跳梁乎井幹之上[12]，入休乎缺甃之崖[13]。赴水则接腋持颐[14]，蹶泥则没足灭跗[15]。还视虷蟹与科斗[16]，莫吾能若[17]也。且夫擅一壑之水[18]，而跨跱[19]坎井之乐，此亦至矣。夫子奚不时来入观乎[20]？'东海之鳖左足未入，而右膝已絷[21]矣。于是逡巡[22]而却，告之海曰：'夫千里之远，不足以举[23]其大；千仞之高，不足以极其深。禹之时，十年九潦[24]，而水弗为加益；汤之时，八年七旱，而崖不为加损[25]。夫不为顷久推移[26]、不以多少进退者[27]，此亦东海之大乐也。'于是坎井之蛙闻之，適適然[28]惊，规规然[29]自失也。且夫知不知是非之竟[30]，而犹欲观[31]于庄子之言，是犹使蚊负山、商蚷[32]驰河也，必不胜任矣。且夫知不知论极妙之言[33]，而自适[34]一时之利者，是非坎井之蛙与？且彼方跐黄泉而登大皇[35]，无南无北，奭然四解[36]，沦于不测[37]；无东无西，始于玄冥[38]，反于大通[39]。子乃规规然而求之以察，索之以辩，是直用管窥天[40]，用锥指地也，不亦小矣？子往乎！且子独不闻夫寿陵余子之学行于邯郸与[41]？未得国能[42]，又失其故行矣，直匍匐而归耳[43]。今子不去，将忘子之故，失子之业。"公孙龙口呿[44]而不合，舌举而不下，乃逸而走[45]。

译文

公孙龙问魏牟说："我少年时就学习先王的主张，长大后通晓仁义道德，能把相同相异的事物论证为无差别的同一，能把坚白等属性论证为与物体相分离；能在辩论中把别人认为不对的论说成对，把别人认为不可以的论说成可以；能困窘百家之见解，使众多善辩者理屈词穷。我自以为已经是极力通达事理了。现在我听了庄子的言论，深感迷惑不解。不知是我的辩才不及他高呢，还是智慧不如他呢？现在我都不知道从哪里开口了，请问这是什么道理呢？”魏牟凭靠几案深深叹息，又仰天而笑说：“难道你没有听说浅井之蛙的故事吗？井蛙对东海的鳖说：‘我多么快乐呀！我跳到井栏上，又蹦回到井中，在井壁缺口水边休息。游水则井水托住腋窝和面颊，践踏淤泥则没过脚背。环视周围的小红虫、小螃蟹、小蝌蚪，没有能像我这样自如的。况且独占一井之水，在其中跳跃蹲踞的乐趣，这也就算达到极点了。先生何不时常进来观光呢？’东海的大鳖左足还没有踏到井底，右膝就被绊住了。于是，小心地把腿退出井口，并告诉井蛙关于大海的样子说：‘用千里那么远，不足以形容海的大；用千尺那么高，不足以穷尽海的深。大禹时代，十年有九年发生水灾，而海水并没有因此而增加；商汤时代，八年有七年闹旱灾，海水的水位并没有因此而下降。它不为时间的短暂和长久而有所改变、不因雨水多少而有所进退，这也就是东海的最大乐趣啊。’浅井的青蛙听了这些，惊恐不已，现出茫然自失的样子。再说，你的智慧还未能通晓是非之究竟，就要观察领会庄子的言论，这就如同让蚊子背大山、让商蚷在河中游一样，必定不能胜任。况且你的智慧不足以理解和论述极微妙的学说论，而自满自足于一时口舌相争之胜利，这不是和浅井蛙一样吗？再说庄子之言玄妙莫测，就像刚刚站在地下极深处，又忽而上升天之极高处，不分南北，四面畅通无滞碍，深入于不可知之境；不分东西，从幽远暗昧之境开始，再返回于无不通达之大道。你就只知琐细分辨，想用明察和辩论去求索其理，这简直是从管子里看天，用锥子尖指地一样，不是所见太小了吗？你去吧！难道你没有听过寿陵少年去邯郸学习走步的故事吗？没有学会赵国人走路的技艺，反而把自己原来的走法也忘记了，只好爬着回去。现在你再不离开，将会忘记原来的本事，失掉原来的事业。”公孙龙听了这套高论，惊异得合不拢嘴，说不出话，就匆忙逃离了。

---

①公孙龙：战国时期赵国人，曾做过平原君的门客。是名家学派的著名代表人物之一，以善辩著称，提出“白马非马”“离坚白”“物莫非指而指非指”等著名论题，在诸子百家中具有重要影响。现保存之《公孙龙子》六篇，为其代表作。魏牟：魏公子，封于中山（在今河北定州）。

②合同异：为名家惠施一派的典型命题，强调事物的同一性。合同异揭示事物同异关系的相对性，有一定合理因素，但片面夸大同一性，极而言之，把天与地，无限大的大一与无限小的小一，生与死，中正与偏斜，等等，都看成无差别的同一，抹灭事物质的区别，而陷入相对主义错误。离坚白：为公孙龙的著名命题。出自《公孙龙子·坚白论》，认为一块坚硬的白石，坚、白两种属性是分离的，因为眼看得白而无坚，手摸得坚而无白，只能说坚石、白石，不能说坚白石，从而把客体各种属性分割开来，否认它们之间具有同一性。同时认为主体视、触等感觉亦不能相通，思维对感觉亦无综合作用，一切都是分离的，这就把认识限制在只能获取直观的、支离破碎的印象，而不能得到整体的正确认识，陷入不可知论。

③然不然，可不可：以不是说成是，把不可说成可。

④困：使……困惑。穷：使……理屈词穷。知：知识、见解。辩：口才。

⑤至达：极为通达事理。至：最。

⑥汒（máng）然：模糊不清的样子。汒：通“茫”。

⑦论：指口才、辩才。知：指知识、智力。

⑧喙（huì）：鸟兽的嘴，此指人之口。

⑨方：方法、方术、道理。

⑩隐：依靠。机：通“几”，几案。大（tài）息：叹息。

⑪独：惟独、只有。坎井：浅井。

⑫跳梁：即“跳踉”，跳跃之意。井幹：井上的围栏。

⑬缺甃之崖：井壁缺口靠水的地方。甃（zhòu）：井壁。崖：通“涯”，水边。

⑭腋：腋窝。颐：面颊。

⑮蹶（jué）：践踏。跗（fū）：脚背。没、灭：埋到、淹没之意。

⑯还视：环视，向周围看。虷（hán）：井中赤虫。又说为孑孓，蚊子幼虫。蟹：小螃蟹。科斗：即“蝌蚪”。

⑰莫吾能若：“莫能若吾”的宾语前置，表示强调，没有能像我这样的。

⑱且夫：递进连词，表句子或段落意义的连接和加深，与况且、再说意思接近。擅：独占。壑：深沟，此指土井。

⑲跨跱：形容蛙在井中跳跃、蹲踞的神态。跱（zhì）：蹲着。

⑳夫子：井蛙对东海之鳖的尊称。奚：为什么。时来：时常前来，经常前来。

㉑絷（zhí）：绊住。东海之鳖身躯巨大，而坎井空间狭小，所以左足未踏到井底，右膝就被绊住了。

㉒逡（qūn）巡：因为有所顾虑而徘徊不前。

㉓举：全，尽。

㉔潦：雨水盛大的样子。

㉕崖：海岸，指水位。损：降低。

㉖顷：短暂。久：长久。推移：改变、变化。

㉗不以多少进退者：不会因雨水的多少而使海水的水位有所升降。

㉘適（tì）適然：惊骇恐怖的样子。

㉙规规然：茫然自失的样子。

㉚知不知：智慧不能通晓。前一“知”，通“智”，指人的智能、智慧；后一“知”，当通晓讲。竟：通“境”，境界，界限。

㉛观：观察领会。

㉜商蚷（jù）：又名马蚿、马陆，一种节肢动物，栖息于潮湿耕地或石堆下，常成群游行。

㉝极妙之言：指庄子讲论大道极其玄虚微妙的言论。

㉞适：快意、满足。

㉟彼：指庄子。跐（cǐ）：踏、踩。黄泉：地底深处之泉水，此泛指地下极深处。大（tài）皇：指天。

㊱奭（shì）然：消散的样子。四解：四面八方无不畅通。

㊲沦于不侧：隐没于不可测知的境界。

㊳玄冥：无极，未有宇宙的混沌状态。

㊴大通：大道。

㊵规规然：浅陋拘泥的样子。用管窥天：从管子里去看天，比喻所见极小。

㊶寿陵：燕国邑名。余子：嫡长子以外的儿子。邯郸：赵国都城。

㊷国能：赵国人行路的步法。

㊸直：只能。匍匐：爬行。

㊹呿（qū）：张开。

㊺逸：逃走。走：奔跑。

原文

庄子钓于濮水①，楚王使大夫二人往先焉②，曰：“愿以境内累矣③！”庄子持竿不顾，曰：‘吾闻楚有神龟，死已三千岁矣，王巾笥而藏之庙堂之上④。此龟者，宁其死为留骨而贵乎？宁其生而曳尾于涂中乎⑤？”二大夫曰：“宁生而曳尾涂中。”庄子曰：“往矣！吾将曳尾于涂中。”

惠子相梁[6]，庄子往见之。或[7]谓惠子曰：“庄子来，欲代子相。”于是惠子恐，搜于国中三日三夜。庄子往见之，曰：“南方有鸟，其名为鹓鶵[8]，子知之乎？夫鹓鶵发于南海而飞于北海，非梧桐[9]不止，非练实[10]不食，非醴泉[11]不饮。于是鸱[12]得腐鼠，鹓鶵过之，仰而视之曰：‘吓[13]！’今子欲以子之梁国而吓我邪？”

庄子与惠子游于濠梁[14]之上。庄子曰：“鲦鱼[15]出游从容，是鱼之乐也。”惠子曰：“子非鱼，安知鱼之乐？”庄子曰：“子非我，安知我不知鱼之乐？”惠子曰：“我非子，固不知子矣；子固非鱼也，子之不知鱼之乐，全矣[16]！”庄子曰：“请循其本[17]。子曰‘汝安知鱼乐’云者，既已知吾知之而问我。我知之濠上也[18]。”

译文

庄子在濮水边钓鱼，楚威王派两位大夫前来致相邀之意，说：“愿意把国家政务委托给先生！”庄子手里拿着钓竿，专心钓鱼，头也未回，说：“我听说楚国有只神龟，已经死去三千年了。楚王将它的骨甲装在竹箱里，蒙上罩巾，珍藏在大庙明堂之上。对这只龟来说，它是愿意死后留下骨甲而显示尊贵呢？还是宁愿活着在泥里拖着尾巴爬行呢？”两位大夫回答说：“宁愿活着在泥里拖着尾巴爬行。”庄子说：“你们请回吧！我将照旧拖着尾巴在泥里爬行。”

惠施做魏国的相，庄子前去拜访他。有人对惠施说：“庄子前来，打算取代你做宰相。”于是惠施十分惊恐，派人在都城内搜索庄子，搜了三天三夜。庄子前去见惠施，说："南方有一种鸟，名叫鹓鸰，你知道吗？这种鸟从南海出发飞往北海，不是梧桐树不肯停息，不是竹子的果实不食，不是甘美的泉水不饮。在这时，猫头鹰得到一只腐烂的老鼠，见鹓鸰飞过，仰头看着鹓鸰，发出一声威吓：'吓！'今天，你也想用你得到的相位来吓我吗？"

庄子与惠施在濠水桥上游玩。庄子说："白鳝鱼悠闲自在地游水，这是鱼儿的快乐呀。"惠施说："你不是鱼，怎么能知道鱼的乐趣？"庄子说："你不是我，怎么知道我不知鱼的乐趣？"惠施说："我不是你，本来就不知道你；你本不是鱼，你不知鱼的乐趣，完全可以肯定。"庄子说："请循着我们争论的起点说起，你所说'你怎能知道鱼的乐趣'这句话，就是已经知道我之所知而向我发问的。我是在濠水桥上知道鱼的乐趣的呀！"

---

①濮水：水名。在今河南范县。

②楚王：指楚威王。往先：前往致相邀之意，表示对贤人的礼遇。

③愿以境内累：为愿把国事家政委托给你。也就是请庄子去做官的含蓄说法。《史记·老子伯夷列传》载："楚威王闻庄周贤，使使厚币迎之，许以为相。"

④巾：缠束或覆盖用的织物。笥：盛装物品的长方形竹箱。巾、笥这里均作动词。庙堂：大庙的明堂，为古代君主与群臣议政和举行祭祀仪式的地方。

⑤曳尾于涂中：拖着尾巴在泥中爬行。

⑥惠子：即惠施，宋国人，名家主要代表者之一，曾做过魏国的相，是庄子的朋友。《庄子》中有多处记载惠施之事及二人的辩论。相：作动词，做国相。梁：即大梁（今河南开封），为战国时魏国都城，故魏亦称梁。

⑦或：有人、某人，不定代词。

⑧鹓鶵（yuān chú）：传说中凤凰之类的神鸟。

⑨梧桐：落叶乔木。传说凤凰只在梧桐树上栖息。

⑩练实：竹子的果实。

⑪醴（lǐ）泉：甜美的泉水。

⑫鸱（chī）：猫头鹰的一种。

⑬吓：怒斥声。

⑭濠梁：濠水上的桥梁。濠水，在今安徽凤阳县境内。

⑮鯈（tiáo）鱼：白条鱼。

⑯全矣：完全肯定。

⑰循其本：追溯着争论的根源讲起。本：根源、起点。

⑱我知之濠上也：我是在濠水的桥上知道的。

盗　跖

这是《庄子》一书中对孔子及儒家思想进行批判最犀利的一章。文章中借盗跖之口抨击了儒家思想的虚伪性，从而推出返归自然的大道。本文故事性很强。盗跖一段结构如小说：以孔子和柳下季谈话始，亦以二人谈话终。盗跖所论紧抓“仁义礼智信”进行批判，用儒之圣贤如尧、舜、禹、汤、文、武、介子推、尾声、伍子胥、比干等榜样的结局来说明“以利惑其真而强反其情性”和“离名轻死”的道理。文章也注意生活细节的刻画，如孔子“出门上车，执辔三失”的细节描写足见其内心的恐慌，“无病而自灸”则为孔子用一句形象的比喻来责怪自己的莽撞行为。

原文

孔子与柳下季①为友，柳下季之弟，名曰盗跖②。盗跖从卒③九千人，横行天下，侵暴诸侯，穴室枢户④，驱人牛马，取人妇女，贪得忘亲，不顾父母兄弟，不祭先祖。所过之邑，大国守城，小国入保⑤，万民苦之。孔子谓柳下季曰：“夫为人父者，必能诏⑥其子；为人兄者，必能教其弟。若父不能诏其子，兄不能教其弟，则无贵父子兄弟之亲矣。今先生，世之才士也，弟为盗跖，为天下害，而弗能教也，丘窃为先生羞之。丘请为先生往说之[7]。”柳下季曰：“先生言为人父者必能诏其子，为人兄者必能教其弟，若子不听父之诏，弟不受兄之教，虽今先生之辩[8]，将奈之何哉！且跖之为人也，心如涌泉[9]，意如飘风[10]，强足以距敌[11]，辩足以饰非，顺其心则喜，逆其心则怒，易辱人以言。先生必无往。”孔子不听，颜回为驭[12]，子贡为右[13]，往见盗跖。

盗跖乃方休卒徒于大山[14]之阳，脍人肝而餔之[15]。孔子下车而前，见谒者[16]曰：“鲁人孔丘，闻将军高义，敬再拜谒者。”谒者入通，盗跖闻之大怒，目如明星，发上指冠，曰：“此夫鲁国之巧伪人孔丘非邪？为我告之：‘尔作言造语，妄称文武，冠枝木之冠[17]，带死牛之胁，多辞缪说，不耕而食，不织而衣，摇唇鼓舌，擅生是非，以迷天下之主，使天下学士不反其本[18]，妄作孝弟，而侥幸于封侯富贵者也。子之罪大极重，疾走归！不然，我将以子肝益昼餔之膳[19]！’”

孔子复通曰：“丘得幸于季，愿望履幕下。”谒者复通，盗跖曰：“使来前！”孔子趋[20]而进，避席反走[21]，再拜盗跖。盗跖大怒，两展其足，案剑瞋目[22]，声如乳虎，曰：“丘来前！若所言，顺吾意则生，逆吾心则死。”

孔子曰：“丘闻之，凡天下人有三德：生而长大，美好无双，少长贵贱见而皆说[23]之，此上德也；知维天地，能辨诸物，此中德也；勇悍果敢，聚众率兵，此下德也。凡人有此一德者，足以南面称孤矣。今将军兼此三者，身长八尺二寸，面目有光，唇如激丹[24]，齿如齐贝[25]，音中黄钟[26]，而名曰盗跖，丘窃为将军耻不取焉。将军有意听臣，臣请南使吴越，北使齐鲁，东使宋卫，西使晋楚，使为将军造大城数百里，立数十万户之邑，尊将军为诸侯，与天下更始[27]，罢兵休卒，收养昆弟[28]，共祭先祖。此圣人才士之行，而天下之愿也。”

盗跖大怒曰：“丘来前！夫可规以利而可谏以言者，皆愚陋恒民[29]之谓耳。今长大美好，人见而悦之者，此吾父母之遗德也。丘虽不吾誉，吾独不自知邪？且吾闻之，好面誉人者，亦好背而毁之。今丘告我以大城众民，是欲规我以利而恒民畜[30]我也，安可久长也！城之大者，莫大乎天下矣。尧舜有天下，子孙无置锥之地；汤武立为天子，而后世绝灭；非以其利大故邪？

“且吾闻之，古者禽兽多而人少，于是民皆巢居以避之。昼拾橡栗，暮栖木上，故命之曰‘有巢氏之民’。古者民不知衣服，夏多积薪，冬则炀之[31]，故命之曰‘知生之民’。神农之世，卧则居居[32]，起则于于[33]，民知其母，不知其父，与麋鹿共处，耕而食，织而衣，无有相害之心。此至德之隆也。然而黄帝不能致德，与蚩尤战于涿鹿之野[34]，流血百里。尧舜作，立群臣，汤放其主，武王杀纣。自是之后，以强陵弱，以众暴寡。汤武以来，皆乱人之徒也。

“今子修文武之道，掌天下之辩，以教后世，缝衣浅带，矫言伪行，以迷惑天下之主，而欲求富贵焉。盗莫大于子，天下何故不谓子为盗丘，而乃谓我为盗跖？子以甘辞[35]说子路而使从之，使子路去其危冠，解其长剑，而受教于子，天下皆曰孔丘能止暴禁非。其卒之也，子路欲杀卫君而事不成，身菹[36]于卫东门之上，是子教之不至也。子自谓才士圣人邪？则再逐于鲁，削迹于卫，穷于齐，围于陈蔡，不容身于天下。子教子路菹此患，上无以为身，下无以为人，子之道岂足贵邪？世之所高，莫若黄帝，黄帝尚不能全德，而战涿鹿之野，流血百里。尧不慈，舜不孝，禹偏枯[37]，汤放其主，武王伐纣，文王拘羑里。此六子者，世之所高也。孰论之，皆以利惑其真而强反其情性，其行乃甚可羞也。

“世之所谓贤士，伯夷、叔齐。伯夷、叔齐辞孤竹之君，而饿死于首阳之山，骨肉不葬。鲍焦饰行非世[38]，抱木而死。申徒狄谏而不听，负石自投于河，为鱼鳖所食。介子推[39]至忠也，自割其股以食文公。文公后背之，子推怒而去，抱木而燔死[40]。尾生[41]与女子期于梁下，女子不来，水至不去，抱梁柱而死。此六子者，无异于磔犬流豕[42]、操瓢而乞者，皆离名轻死，不念本养寿命者也。

“世之所谓忠臣者，莫若王子比干、伍子胥。子胥沉江，比干剖心。此二子者，世谓忠臣也，然卒为天下笑。自上观之，至于子胥、比干，皆不足贵也。

“丘之所以说我者，若告我以鬼事，则我不能知也；

若告我以人事者，不过此矣，皆吾所闻知也。今吾告子以人之情：目欲视色，耳欲听声，口欲察味，志气欲盈。人上寿百岁，中寿八十，下寿六十，除病瘦死丧忧患，其中开口而笑者，一月之中不过四五日而已矣。天与地无穷，人死者有时。操有时之具，而托于无穷之间，忽然无异骐骥之驰过隙也。不能说其志意，养其寿命者，皆非通道者也。

“丘之所言，皆吾之所弃也。亟去走归，无复言之！子之道，狂狂汲汲[43]，诈巧虚伪事也，非可以全真也，奚足论哉！”

孔子再拜趋走，出门上车，执辔[44]三失，目芒然无见，色若死灰，据轼低头，不能出气。

归到鲁东门外，适遇柳下季。柳下季曰：“今者阙然数日不见，车马有行色，得微[45]往见跖邪？”孔子仰天而叹曰：“然。”柳下季曰：“跖得无逆汝意若前乎？”孔子曰：“然。丘所谓无病而自灸也。疾走料虎头[46]，编虎须，几不免虎口哉！”

译文

孔子和柳下季结成朋友，柳下季的弟弟名字叫盗跖。盗跖随从的士卒有九千人，横行天下，侵袭诸侯，穿室破户，赶走人家的牛马，掳夺人家的妇女，贪得无厌，忘却亲友，不顾忌父母兄弟，不祭祀祖先。所到过的地方，大国严守城池，小国坚守城堡，千万民众都感到痛苦。孔子对柳下季说：“做父亲的，一定能教导儿子；做兄长的，一定能教育弟弟。如果做父亲的不能教导儿子，做兄长的不能教育弟弟，就没有人看重父子兄弟的亲属关系了。现在，先生是当世的才智之士，而弟弟却是盗跖，是天下的祸害，你不能教育他，我私下为你感到羞愧！我请你允许我为你前去进行说服他。”柳下季说：“先生说：做父亲的一定能教导儿子，做兄长的一定能教育弟弟。如果儿子不听从父亲的教导，弟弟不受兄长的教育，虽然现在有先生的辩才，又能把他怎样呢！况且，跖的为人，心意像涌泉一样不可抑制，意境像风一样不可测度，强悍足以使之抗拒，雄辩足以掩饰过错，顺从他的心意就高兴，违逆他的心意就发怒，轻易地用语言侮辱别人。先生一定不要前去。”孔子不听柳下季的劝说，让颜回驾车，子贡陪乘，去会见盗跖。

盗跖正在泰山的南面休整士卒，切碎人肝而食。孔子下车走上前，看见接待的人，说：“鲁国人孔丘，听说将军高尚正义，敬请阁下传达我的来意。”接待的人入内通报，盗跖听到此事，大怒，眼睛睁大像明星，怒发冲冠，说：“这个人是不是鲁国的善于弄虚作假的孔丘？替我告诉他：‘你做花言造巧语，虚妄地称道文王、武王的典章制度，头戴装饰得像树枝般繁多的桂冠，腰缠死牛皮制作的皮带，满口繁词谬论，不劳动而吃饭，不织布而穿衣，张口闭口，只知道搬弄是非，用以迷惑天下的君主，使天下的读书人，不能恢复自然本性，装作孝悌，而侥幸得到封侯富贵。你的罪恶严重，快滚回去吧！不然，我要用你的肝当作午餐。’”

孔子再一次通报说：“我幸运地得到柳下季的介绍，希望到帐幕下拜见。”接待的人又通报。盗跖说：“让他进来！”孔子快步而进，避开席位退步快跑，再次向盗跖行礼。盗跖大怒，叉开两脚，握剑瞪眼，声音如虎，说："孔丘，你往前来！你要说的，顺着我的意思就活，违逆我的心思就死！"

孔子说："我听说，大凡天下的人有三种美德：生下来身躯魁梧，容貌美好无双，不分老幼贵贱见到都喜欢他，这是上等的品德；智慧能包容天地，才能足以辨别各种事物，这是中等的品德；勇猛、强悍、果敢，聚众率兵，这是下等的品德。凡是人具有其中一种品德的，就足以南面称帝了。现在，将军兼有这三种德行，身高八尺二寸，面目有光泽，嘴唇犹如鲜红的丹砂，牙齿像排列的贝珠，声音洪亮，而名字叫盗跖，我孔丘私下替将军感到羞耻不可取。将军如果有意听我的意见，我请求向南出使吴国和越国，向北出使齐国和鲁国，向东出使宋国和卫国，向西出使晋国和楚国，给将军建造周围数百里的大城，设立数十万户的城邑，尊奉将军为诸侯，和天下的诸侯共同除旧布新，停战休兵，收养众弟兄，共祭祖先。这是圣人才士的行为，也是天下人的愿望。"

盗跖大怒说："孔丘，你往前来！凡是可以用利禄来规劝的，可以用语言来谏正的，都可以把他们叫愚陋的常人。现在，我身体高大，面目美好，人人见到都喜欢，这是我父母所遗留的美德。孔丘你虽然不赞美我，难道我自己不知道吗？况且，我听说好当面赞美人的人，也是好背后毁谤人的人。现在，孔丘你告诉我要为我建造大城汇聚民众，是想要用利禄规劝我，这是用对待常人的态度对待我，怎么可以长久呢！城再大，也没有比天下更大的了。尧、舜虽然有天下，但子孙没有立锥的地方；商汤和周武王立为天子，而后代灭绝，没有继承人，不正是他们贪大利的缘故吗？

“况且，我还听说古代禽兽多而人少，于是人民都住在树巢中以躲避禽兽。白天捡橡栗充饥，夜晚栖于树上，所以叫他们是‘有巢氏的民众’。古代人不知穿衣服，夏天积蓄薪材，冬天就用来烧火取暖，所以叫他们‘知道生存的民众’。神农时代，百姓躺下时安静，起来时舒缓，人只知自己的母亲，不知道自己的父亲，和麋鹿共同相处，耕地吃饭，织布穿衣，没有相害的心，这是道德的极盛时代。然而黄帝不能达到这种德，与蚩尤交战于涿鹿的郊野，流血百里。尧、舜做天子，设群臣，商汤流放他的君主，周武王杀殷纣。自此以后，以强大欺凌弱小，以势众侵暴寡少。商汤、周武王以来，都是属于篡逆一类的人。

“现在你修习周文王、武王治国之道，掌握天下的舆论，用来教化后代，你穿着宽大的衣裳，系着宽大的腰带，说着矫揉的言论，做着虚伪的行为，用以迷惑天下的君主，而想要求取富贵。强盗之中再也没有比你更大的了。天下人为什么不把你叫作盗丘，而把我叫作盗跖呢？你以甜言蜜语说服子路，而使他跟随你，让子路摘掉他的高冠，解掉他的长剑，而受你教育，天下人都说，孔丘能制止强暴，禁止非礼行为。其最终结果，子路想要杀死卫的国君，而事情没有成功，在卫国的东城门之上身躯被剁成肉酱，这是你教育的不成功。你不是自称才士圣人吗？然而一再被赶出鲁国，在卫国被铲平足迹，在齐国穷途末路，在陈国和蔡国之间被围困，天下没有容身之处。你使子路遭受到剁成肉酱的祸患，你对上无法保护自己身体，对下无法做人。你的道哪里有什么可贵的呢？世上所推崇的，没有超过黄帝的，黄帝尚且不能全备德行，而战于涿鹿郊野，流血百里。尧不慈爱，舜不孝顺，禹半身瘫痪，汤流放他的君主，武王讨伐纣王，文王被囚禁在羑里。这六个人，都是世上所推崇的。仔细地讨论这些事，他们都是被利禄迷失其本真而强迫违反其性情，他们的行为乃是特别可耻的。

“世上所说的贤士，伯夷、叔齐。伯夷、叔齐辞去孤竹国的君主地位，而饿死在首阳山上，尸骨得不到埋葬。鲍焦行为矫饰非议当世，抱着树木而死。申徒狄谏正国君而不听，背着石头投河自尽，为鱼鳖所食。介子推是最忠贞的，自己割下自己大腿上的肉，给晋文公吃。文公回国后却背弃他，子推一怒之下而离开，抱着树而被烧死。尾生和女子相约在桥下，女子没来，河水来到，他也不离开，抱着桥柱而死。这六个人，与分尸的狗、漂流的死猪和持瓢的乞丐，没有什么区别，都是重于名而轻于死，不惦念本真保养寿命的人。

“世上所说的忠臣，莫如王子比干、伍子胥。伍子胥被杀死尸沉入江中，比干被挖心而死。这两个人，是世上所谓的忠臣，然而最终遭到天下人的耻笑。从上述来看，伍子胥、比干，都是不足推崇的。

“孔丘你用来说服我的，如果告诉我鬼的事情，则我不知道；如果告诉我人世间的事，不过如此而已，都是我所听过的。现在我告诉你人的性情：眼睛要看颜色，耳朵要听声音，嘴巴要品味道，志气要得到满足。人生在世高寿不过一百岁，中寿八十岁，下寿六十岁，除了疾病、死丧、忧患，其中张嘴而笑的，一月之中，不过四五天而已。天地无穷尽，人死有时限。持有时限的生命，而寄托于无穷尽的天地之间，无异于骏马奔驰过缝隙一样。

不能悦其意志，保养寿命的人，都不是通达道理的人。

“孔丘你所说的话，都是我所抛弃的。赶快回去，不要再说了！你的主张，都是失性损德、诈巧虚伪的，不可以保全真性，还有什么可以值得讨论的呢！”

孔子再次行礼，急忙跑出门外，上车，缰绳多次脱手，眼睛茫然不见，面色如同死灰，按着车扶手的横木低下头，喘不出气来。

回到鲁国东门之外，正好遇见柳下季。柳下季说：“近日怎么好几天没见到你，车马有出发又回来的样子，莫非去见盗跖了吗？”孔子仰天而叹说：“是的。”柳下季说：“盗跖是不是像我从前所说的那样违背了你的意愿呢？”孔子说：“是的。我此举是没病而自己引艾火自灼。我跑去撩拨虎头，编织虎须，几乎不能免于虎口啊！”

---

①柳下季：姓展，名获，字季禽，鲁国大夫，封地为柳下而称柳下季，谥号惠，亦称柳下惠。

②盗跖（zhí）：古代的起义军领袖。

③从卒：随从起义的士卒。

④穴：做动词，凿穿。枢：当作“抠”，做动词，挖。

⑤保：通“堡”，小城。

⑥诏：诏示，教导，教育。

⑦说（shuì）之：说服他。

⑧辩：善于雄辩。

⑨涌泉：水向上冒。

⑩意如飘风：心意像风一样难以测度。飘风：旋风。

⑪距：通“拒”，抗拒。距敌：用语言与盗跖对抗。

⑫驭：驾驭，驾车，赶车。

⑬右：即骖右，在车右边陪乘的人。

⑭大山：即泰山。

⑮脍：细切。餔（bù）：做动词，吃。

⑯谒者：指负责传达和通报的人员。

⑰冠枝木之冠：前冠为戴，后冠为帽子。枝木：形容帽子上的装饰品像树枝一样。

⑱反：通“返”，返归。本：本真，本性，指自然本性。

⑲益：增加。膳：饭食，膳食。

⑳趋：速行，急走。

㉑避席：离开席位，指站起来。反走：退着走，表恭敬。都是表示对主人的尊敬。

㉒瞋（chēn）目：瞪大眼睛，怒目而视。

㉓说：通“悦”，喜欢。

㉔激：借为“敫”，明。激丹：鲜红的丹砂。

㉕齐贝：排列整齐的贝珠。

㉖中（zhòng）：合，符合。黄钟：古乐十二律之一，声音洪亮。

㉗更始：除旧布新，变更，变化一新。

㉘昆弟：指兄和弟，包括近、远房的弟兄。

㉙恒民：常人。

㉚畜：养，对待。

㉛炀（yáng）：取暖。

㉜居居：安静的样子。

㉝于于：行动舒缓自得的样子。

㉞蚩尤：人名，古代部落首长。涿鹿：地名，在今河北省涿县境内。

㉟甘辞：甜言蜜语。

㊱菹（zū）：剁成肉酱。

㊲偏枯：半身不遂。

㊳鲍焦：人名，周朝的隐者。饰行：粉饰行为。非世：对社会不满。

㊴介子推：人名。晋国贵族，曾随晋文公流亡国外，因回国后赏赐中无

名而隐居绵山。

㊵燔死：烧死。

㊶尾生：人名。或尾生高，鲁国人。

㊷磔（zhé）：分尸，裂体。流豕：漂流于江河的死猪。

㊸狂狂：失性的样子。汲汲：不足的样子。

㊹辔：驾驭牲口的缰绳。

㊺微：无。得微：莫非。

㊻疾走：急跑。料（liáo）：通“撩”，挑弄。

渔　父

渔父形象成为隐者形象，非始于此篇。但此篇之渔父作为得道者形象确实属最为成功者。本篇塑造了有道者渔父的形象，并以其虚境、无为之境教训孔丘，批评孔丘不在其位而谋其政，宣传安分守己的处世态度，其中夹杂了忠贞慈孝的言论，反映作者儒道混杂的思想。故事以有道者渔父与孔子对话的形式展开，有情节，有人物形态与神情的描写。故胡文英谓之“小说杂记点缀体”。

首先是渔父跟孔子的弟子子路、子贡谈话，批评孔子“性服忠信，身形仁义”，是“劳心劳形以危其真”。接着写孔子见到渔父、受到渔父的直接批评，指出他不在其位而谋其政，乃是“八疵”“四患”的行为，应该各安其位，才是最好的治理。接下去又进一步写渔父向孔子提出“真”，所谓真，就是“受于天”，主张“法天”“贵真”“不拘于俗”。最后写孔子对渔父的谦恭和崇敬的心情。

原文

孔子游乎缁帷之林[①]，休坐乎杏坛之上[②]。弟子读书，孔子弦歌鼓琴[③]。奏曲未[④]半，有渔父[⑤]者，下船而来，须眉交[6]白，被发揄袂[7]，行原[8]以上，距陆而止[9]，左手据[10]膝，右手持颐[11]以听。曲终，而招[12]子贡、子路，二人俱对[13]。客指孔子曰："彼何为者也[14]？"子路对曰："鲁之君子也。"客问其族[15]。子路对曰："族孔氏。"客曰："孔氏者何治[16]也？"子路未应，子贡对曰："孔氏者，性服忠信[17]，身行[18]仁义，饰[19]礼乐，选人伦[20]，上以忠于世主[21]，下以化于齐民[22]，将以利天下[23]。此孔氏之所治也。"又问曰："有土之君与[24]？"子贡曰："非也。""侯王之佐与[25]？"子贡曰："非也。"客乃笑而还行[26]，言曰："仁则仁矣，恐不免[27]其身；苦心劳形[28]以危其真[29]。呜呼，远哉，其分[30]于道也！"

译文

孔子在一片枝叶茂郁的树林游览，坐在杏坛上休息。弟子们读书，孔子弹琴唱诗歌。弹琴奏曲不到一半，有位老渔翁，下船而来，胡须和眉毛皆白，披散着头发，摇着袖子，从水边的平原向上走，走到高的地方停下身来，左手捂着膝盖，右手托着脸，听孔子弹琴吟唱。曲子奏完，便呼唤子贡子路，二人一起回答了渔翁的问话。渔翁指着孔子问道："他是做什么的？"子路回答说："鲁国的君子。"渔翁问姓氏。子路回答说："姓孔。"渔翁说："孔氏从事什么职业？"子路没有回答，子贡回答说："孔氏这个人，心性守忠信，亲身践履仁义，修饰礼乐，撰定道德规范，对上效忠于当世君主，对下教化平民，要以此造福天下。这就是孔氏的事业。"渔翁又问说："是有领土的君主吗？"子贡说："不是。""是诸侯的辅臣吗？"子贡说："不是。"渔翁笑着往回走，自言自语说：

"仁倒是仁了，恐怕难免其身之累；用心良苦而操劳形体会危害他的本性。唉，他离道太远了！"

①游：游玩，游览。缁帷之林：木林郁茂，布叶垂条，蔽明阴沉，犹如帷幕。缁：黑色。帷：帷幕。

②休：休息。杏坛：泽中高处为坛，因多杏树，故名"杏坛"。

③弦歌鼓琴：弹琴吟唱。

④未：没有。

⑤渔父：渔翁。

⑥交：皆，全。

⑦被发：散发。被：通"披"。揄：挥，摇。袂（mèi）：衣袖，袖子。

⑧行原：沿着泽岸行走。

⑨距：至。陆：高地。

⑩据：按，扶，捂着。

⑪持：主，撑。颐：面颊。

⑫招：呼唤，招呼。

⑬俱对：一齐应对了问话。

⑭彼：他，指孔子。为：做。

⑮其：他，指孔子。族：氏族，指姓。

⑯治：从事。

⑰性：心性。服：守。

⑱行：践履，践行。

⑲饰：修治。

⑳选：序。人伦：道德规范。

㉑世主：当世的君主。

㉒化：教化。齐民：平民。

㉓将：要。利：利益，谋利。

㉔土：土地，领土，指国家。君：君主。

㉕侯王：诸侯。佐：辅臣。

㉖还（xu□n）行：反行，向回走。

㉗不免：难免。

㉘苦心：用心良苦。劳形：操劳形体。

㉙危：危害。真：本性，天性。

㉚分：分界，间隔，离。

原文

子贡还，报孔子。孔子推琴而起曰："其圣人与[1]！"乃下求之，至于泽畔。方将杖拏而引其船[2]，顾见[3]孔子，还乡而立。孔子反走[4]，再拜而进。

客曰："子将何求？"孔子曰："曩者先生有绪言而去[5]，丘不肖[6]，未知所谓[7]，窃待于下风[8]，幸闻咳唾[9]之音，以卒相丘也[10]。"客曰："嘻！甚矣，子之好学也！"孔子再拜而起曰："丘少而修学[11]，以至于今，六十九岁矣，无所得闻至教，敢不虚心！"

客曰："同类相从，同声相应，固天之理也。吾请释吾之所有而经子之所以[12]。子之所以者，人事也。天子、诸侯、大夫、庶人，此四者自正，治之美也，四者离位[13]而乱莫大焉。官治其职，人忧[14]其事，乃无所陵[15]。故田荒室露[16]，衣食不足，征赋[17]不属，妻妾不和，长少无序[18]，庶人之忧也；能不胜任，官事不治[19]，行[20]不清白，群下[21]荒怠，功美[22]不有，爵禄不持[23]，大夫之忧也；廷[24]无忠臣，国家昏乱，工技不巧[25]，贡职不美，春秋后伦[26]，不顺天子[27]，诸侯之忧也；阴阳不和，寒暑不时，以伤庶物[28]，诸侯暴乱，擅相攘伐[29]，以残民人，礼乐不节，财用穷匮[30]，人伦不饬[31]，百姓淫乱，天子有司[32]之忧也。今子既上无君侯有司之势，而下无大臣职事之官，而擅饰[33]礼乐，选人伦，以化齐民，不泰[34]多事乎！且人有八疵[35]，事有四患，不可不察也。非其事而事之，谓之摠[36]；莫之顾而进之，谓之佞[37]；希意[38]道言，谓之谄[39]；不择是非而言，谓之谀[40]；好言人之恶，谓之谗[41]；析交离亲，谓之贼[42]；称誉诈伪以败恶人[43]，谓之慝[44]；不择善否，两容颊适[45]，偷拔其所欲[46]，谓之险。此八疵者，外以乱人，内以伤身，君子不友，明君不臣。所谓四患者：好经大事[47]，变更易常，以挂功名[48]，谓之叨[49]；专知擅事[50]，侵人自用[51]，谓之贪；见过不更，闻谏愈甚，谓之很[52]；人同于己则可，不同于己，虽善不善，谓之矜[53]。此四患也。能去八疵，无行四患，而始可教已。”

译文

子贡回来，把渔夫的话告诉孔子。孔子推开琴站起来说：“这渔翁是位圣人吧！”于是走下来去寻找他。到了泽边，渔翁正在持篙撑船，回头看见孔子，转过身面向他站着。孔子倒退着走过来，再次叩拜，走上前去。

渔翁说：“你有什么事相求？”孔子说：“刚才，先生的话只开个头没说完就离开，我不聪敏，不了解你所说的意思，我私下在这里等候先生，希望听到你的议论，以便最终使我受到帮助。”渔翁说：“唉！你真太好学了！”孔子又一次叩拜，然后站起来说：

“我从小就用功学习，直到现在，六十九岁了，没有听到过至理的教导，怎敢不虚心呢！”

渔翁说：“同类相求，同声相知，这本来是自然规律。我愿意告诉你我知道的道理来帮助分析你的所作所为。你所做的事，只是世俗的人做的事。天子、诸侯、大夫、庶人，这四种人能各守职位，是治理社会的理想境界了，这四种人离开本位就会产生莫大的混乱。官吏做好本职的工作，人民处理好自己的事情，社会一点也不混乱。所以田地荒芜，房屋破漏，衣食不足，赋税不收，妻妾不和睦，长幼没次序，这是庶人的忧虑；能力不能胜任，职务之内的事没有做好，行为不清白，下属疏荒怠惰，功绩不有，爵禄不保，这是大夫的忧虑；朝廷没有忠臣，国家混乱，工艺技术不精巧，贡品不完美，春秋朝觐无伦次，不顺从天子，这是诸侯的忧虑；阴阳不调和，寒暑不按时令，伤害众物，诸侯暴乱，擅自相互攻伐，残害人民，礼乐没有节制，财物耗尽而匮乏，人伦不正规，百姓淫乱，这是天子和朝中主管官吏的忧虑。现在你上面既没有君主诸侯执政的权势而下面又无大臣掌管事务的官职，而擅自修治礼乐，撰制人伦，以教化平民，不是太多事了吗！况且人有八种毛病，事有四种祸患，不可以不加明察。不是他应当做的事情而去做它，叫作总揽；人家不理睬还要去进言相劝，叫作佞言；迎合人意去导言，叫作谄媚；不辨是非而附和，叫作阿谀；好说别人的坏话，叫作谗言；离间亲友，叫作贼害；奸诈虚伪败坏别人，叫作邪恶；不辨善恶，两种面孔投合他人，暗中助长私欲，叫作奸邪。这八种毛病，对外扰乱别人，对内伤害自身，君子不和他交朋友，明君不用他做大臣。所谓四种祸患：好管理大事，变更常规，谋取功名，贪多叨贪；独断专行，侵凌别人自以为是，叫作贪婪；有错不改，越劝谏越变本加厉，叫作执拗。别人附和自己的意见就肯定，别人不附和自己的意见就否定，叫作自矜。这就是四种祸患。能够除去八种毛病，没有四种祸患，才是可以教育的。”

---

①其：指渔父。与：通“欤”。

②杖：拄。拏（ráo）：通“桡”，指船桨。引：撑开。

③顾见：回头看见。

④反走：后退着走，表示对别人的尊敬。

⑤曩（nǎng）：以往，以前，过去的。绪言：微而不尽之言。

⑥丘：孔子自称。不肖：愚昧无知。

⑦所谓：所教导的话。

⑧窃：犹言私、我，表示个人的谦辞。待：等待。下风：风的下方。此处借下风表示谦卑。

⑨咳唾：比喻谈吐，议论。

⑩卒：终。相（xiàng）：助。

⑪修学：进修学业。

⑫释：告诉，解释。吾之所有：我的主张，我的道。经：经理，经营，分析。以：用。

⑬离位：离开职守。

⑭忧：忧虑。

⑮陵：通“凌”，凌乱。

⑯田荒：田地荒芜。室露：房屋破漏。

⑰征赋：赋税。

⑱无序：没有长幼之别。

⑲官事：职务之内的事情，职务之内的工作。不治：没有做好。

⑳行：行为。

㉑群下：下属。

㉒美：美誉。

㉓不持：不能保持。

㉔廷：宫廷。

㉕巧：精巧。

㉖春秋后伦：春秋朝觐时候见天子，排在同类诸侯之后。

㉗不顺天子：不顺从天子。

㉘庶物：众物，农作物、畜牧物等。

㉙擅相攘伐：擅自相互攻伐。

㉚穷匮：贫穷匮乏。

㉛不饬：不整饰。

㉜有司：主管官吏。

㉝饰：整顿，修饰。

㉞泰：通“太”。

㉟疵：毛病，缺点。

㊱摠（zǒng）：通“总”，滥，管得太宽。

㊲佞（nìng）：惯于用花言巧语谄媚人。

㊳希意：迎合人意。

㊴谄：谄媚，用卑贱的态度向人讨好。

㊵谀：阿谀奉承。

㊶谗：在别人面前说某人的坏话。

㊷贼：害，毁坏。

㊸诈伪：奸诈虚伪。败，败坏。恶：憎恶。

㊹慝（tè）：邪恶，奸邪。

㊺两容：兼容。颊适：和颜悦色对待。

㊻偷拔：暗中取得。欲：追求的私欲。

㊼好经大事：好经营大的事业。经：经营。

㊽以挂功名：以谋取功名。挂：画，这里指图谋。

㊾叨（tāo）：贪，不应占有而占有。

⑩专知：专逞其智，独断。知：通“智”。擅事：擅自行事。

⑪侵人：侵凌别人。自用：自以为是。

⑫很：拗，执拗，不听从。

⑬矜（jīn）：自夸，自尊自大。

原文

孔子愀然[1]而叹，再拜而起曰：“丘再逐[2]于鲁，削迹于卫，伐树于宋，围于陈蔡。丘不知所失，而离此四谤者何也[3]？”客凄然变容，曰：“甚矣，子之难悟[4]也！人有畏影恶迹而去之走者[5]，举足愈数[6]而迹愈多，走愈疾[7]而影不离身，自以为尚迟，疾走不休，绝力而死。不知处阴以休影[8]，处静以息迹[9]，愚亦甚矣！子审仁义之间，察同异之际[10]，观动静之变，适受与之度[11]，理[12]好恶之情，和喜怒之节[13]，而几于不免矣[14]。谨修而身[15]，慎守其真，还以物与人，则无所累矣。今不修之身而求之人，不亦外乎！”

孔子愀然曰：“请问何谓真？”客曰：“真者，精诚之至也。不精不诚，不能动人。故强哭者，虽悲不哀；强怒者，虽严不威；强亲者，虽笑不和。真悲无声而哀，真怒未发而威，真亲未笑而和。真在内者，神动于外，是所以贵真也。其用于人理[16]也，事亲则慈孝，事君则忠贞，饮酒则欢乐，处丧则悲哀。忠贞以功为主，饮酒以乐为主，处丧以哀为主，事亲以适[17]为主。功成之[18]美，无一其迹矣[19]。事亲以适，不论所以矣[20]；饮酒以乐，不选其具矣[21]；处丧以哀，无问其礼矣[22]。礼者，世俗之所为也[23]；真者，所以受于天[24]也，自然不可易[25]也。故圣人法天[26]贵真，不拘于俗。愚者反此[27]。不能法天而恤于人[28]，不知贵真，禄禄而受变于俗[29]，故不足。惜哉，子之蚤湛于人伪而晚闻大道也[30]！”

孔子又再拜而起曰：“今者丘得遇也，若天幸[31]然。先生不羞而比之服役[32]，而身教之。敢问舍所在，请因受业而卒学大道。”客曰：“吾闻之，可与往[33]者与之，至于妙道；不可与往者，不知其道，慎勿与之，身乃无咎[34]。子勉之！吾去子矣[35]，吾去子矣！”乃刺船[36]而去，延缘苇间[37]。

译文

孔子惭愧地叹息，再次行礼而起说：“我两次被鲁国驱逐，在卫国没有存身之处，在宋国受到了伐树的惊吓，在陈国和蔡国之间被围困。我不知道自己有什么过错，为什么遭到这四种羞辱？”渔翁凄凉地改变脸色说：“你实在是难以醒悟啊！有人畏惧自己的影子、厌恶自己的足迹，想离开它而跑，迈步愈频繁而足迹愈多，跑得愈快而影子却不离开身形，自以为还慢，快跑不止，用尽力气而死。他不知道到阴暗的地方影子自然消失，处于静止状态足迹自然消灭，愚蠢到极点了！你审视仁义之间，分辨同异之际，观察动静的变化，调适取舍的分寸，调理好恶的情感，调和喜怒的节度，你几乎不免于祸患了。你要谨慎修养身心，慎重保持自己的本性，使物与人归还自然，就无所牵累了。现在，你不修养自身而求助他人，不也是追求外物吗！”

孔子惭愧地问：“请问什么叫作真？”渔翁说：“真是精诚的极

点。不精不诚，就不能感动人。所以勉强哭泣的人，虽然悲痛而不哀伤；勉强发怒的人，虽然严厉而不威严；勉强亲热的人，虽然发笑而不和蔼。真正的悲痛没有声音而哀伤，真正的愤怒没有发作而威严，真正的亲热没有笑容而和蔼。真性在内心，神情流露于外表，这就是珍重精诚的道理，把这种道理运用于人伦，事奉父母就孝顺，事奉君主就忠贞，饮酒就欢乐，处丧就悲哀。忠贞以功名为主，饮酒以欢乐为主，处丧以悲哀为主，事亲以顺适为主。功名成就是完美，不需要一种途径。事父母以安适，不论什么方法；饮酒以欢乐，不选择器具；处丧的哀伤，不讲究什么礼仪。礼仪，是世俗所做的；真性，是享受于天的，自然是不可以改变的。所以，圣人效法天道珍视真性，不拘泥于世俗。愚蠢的人与此相反。不能够效法天道而体恤于人事，不懂得珍视真性，平凡而受世俗的影响来变化，所以不知满足。可惜啊，你过早地逸乐无度于世俗的礼乐之中而听到大道太晚了！”

孔子再一次行礼，然后站起来说：“现在我有机会遇到先生，真是天赐幸运。先生不嫌羞辱把我当作弟子而亲身教导我。请问住在哪里，让我受业而学到大道。”渔翁说：“我听说，可以传授的，传授达到妙道；不可以传授的，不懂得其道理，谨慎不授，自身也就没有什么罪过了。你自勉吧！我要离开你了，我要离开你了！”于是撑船而离开，沿着芦苇之间的水路缓慢地走了。

---

①愀（qiǎo）然：既惊且愧的样子。

②逐：驱逐。

③离：通“罹”，遭。谤：诽谤，羞辱。四谤：指上文“逐于鲁，削迹

于卫，伐树于宋，围于陈蔡”。

④难悟：难觉悟。

⑤畏影：畏惧自己的影子。恶迹：厌恶自己的足迹。去：脱离、摆脱。走：跑。

⑥数：屡次，频繁。

⑦疾：快，急。

⑧处阴：在阴暗无光的地方。休影：止影，没有影子。

⑨处静：处在静止不动的状态。息迹：灭绝足迹，没有足迹。

⑩际：界际，分际。

⑪适：调适、调和。受与：取舍。度：分寸，适度。

⑫理：调理，疏导。

⑬和：调和。节：节度，分寸。

⑭几：几乎。不免：不免于祸患。

⑮谨：谨慎，修：修养。而：通“尔”，你。身：身心。

⑯人理：人伦。

⑰适：舒适，顺从。

⑱之：则，就。

⑲无：通“毋”，不拘，不需。一：一定，一种。迹，途径。

⑳不论：不问，不管。以：用。

㉑不选：不选择。具：器具，酒具。

㉒无问：不讲究。礼：礼仪。

㉓所为：所造成。

㉔受于天：禀受于自然。

㉕不可易：不可以改变。

㉖法天：效法自然。

㉗愚者：愚蠢的人。反此：与此相反。

㉘恤：体恤，周济。人：人事。

㉙禄禄：通“碌碌”，平凡的样子。受变于俗：受世俗影响而变化，与世俗同流合污。

㉚蚤：通“早”。湛（dān）：通“耽”，沉溺。人伪：世俗的礼乐。

㉛天幸：天赐幸运。

㉜比：置，当作。役：弟子。

㉝往：去，前去。

㉞无咎：没有罪过。咎：过失，罪过。

㉟去：离开。子，你。

㊱刺船：撑船。

㊲延：迟缓，缓慢。缘：沿着。苇：芦苇。

原文

颜渊还车，子路授绥[1]，孔子不顾，待水波定，不闻挐音[2]而后敢乘。子路旁车[3]而问曰："由得为役久矣[4]，未尝见夫子遇人如此其威[5]也。万乘之主[6]，千乘之君[7]，见夫子未尝不分庭伉礼[8]，夫子犹有倨敖[9]之容。今渔父杖挐逆立[10]，而夫子曲要磬折[11]，言拜而应[12]，得无太甚乎？门人皆怪夫子矣，渔人何以得此乎？"孔子伏轼[13]而叹曰："甚矣，由之难化也！湛于礼仪有间[14]矣，而朴鄙之心至今未去。进，吾语汝！夫遇长不敬，失礼也；见贤不尊，不仁也。彼[15]非至人，不能下人[16]，下人不精[17]，不得其真，故长伤身。惜哉！不仁之于人也，祸莫大焉，而由独擅之。且道者，万物之所由[18]也，庶物[19]失之者死，得之者生，为事逆之则败，顺之则成。故道之所在，圣人尊之。今渔父之于道，可谓有矣，吾敢不敬乎！"

译文

颜渊调转车头，子路把登车的拉绳递给孔子，孔子连看也不看，等到水波平静，听不到划桨的声音，然后才敢上车。子路依靠马车问孔子说：“我侍奉先生很久了，从未见过先生待人如此威严起敬。天子、诸侯，见到先生没有不分庭抗礼的，而先生还有傲慢的面色。现在渔翁持着篙对面而立，而先生弯腰如磬，对话总是先叩拜而后回答，不是太过分了吗？弟子们都怪先生了，一个打鱼的人为什么要这样对待呢？”孔子扶着车扶手的横木而感叹说：“子由，你实在难以教化！你沉溺在礼仪之中有一段时间了，而粗疏鄙陋之心至今还没有去掉。走近点，我告诉你！遇到长者不恭敬，是失礼；见到贤人不尊重，是不仁。他要不是道德完美的人，就不能使人谦下，使人谦下不精诚，就不能达到本真，所以长期伤害自己。可惜啊！用不仁对待人，没有比这祸害更大的了，而子由偏偏有这种毛病。况且，道是万物产生的根源，万物失去它就要死掉，得到它就会生存，做事逆着它就会失败，顺着它就会成功。所以，道的所在，圣人尊重它。现在渔翁对于道，可以说掌握了，我怎敢不尊敬呢？”

---

①授绥：将上车时用的拉绳交给孔子。

②拏音：桨声。

③旁：通“傍”，依傍，靠着。旁车：依靠马车。

④由：子路自称。为役：做弟子。

⑤威：敬畏。

⑥万乘之主：指天子。

⑦千乘之君：指诸侯。

⑧分庭伉礼：古代宾主之礼。主人在门外迎接客人，客人从庭之西侧经西阶升堂，主人从庭之东侧经东阶升堂，入门和升堂时皆揖，叫分庭。升堂之后，客人让，主人也让，客人拜，主人也拜，叫作抗礼。伉：通“抗”，对。

⑨敖：通“傲”。

⑩逆立：对面而立。

⑪要：通“腰”。曲要：弯腰。磬折：形容腰弯得像磬那样曲折。

⑫言拜而应：对话时先叩拜而后才回答。

⑬轼（shì）：古代车厢前面用做扶手的横木。

⑭有间：有一段时间，意思是太久。

⑮彼：指渔父。

⑯下人：使人谦下，意即使人信服。

⑰精：精诚。

⑱由：生，产生。

⑲庶物：万物，各种生物。

达 生

达生，就是通达生命和生存之道。文章的独特之处不在于其有高深的理论，而在于其对达生之道的阐释方法。文章结构可以划分为两部分：前两段为第一部分，点明主旨，即达生之道在于养神，养神之法在于摒弃各种外界的欲望和束缚。唯有“弃世”方可“无累”，也唯有“无累”才可“形全精复”“与天为一”。第三段至结尾为第二部分，用十二个具体的寓言故事来说明达生的方法。如痀偻者承蜩是神思凝聚专一而致；善游者是因为忘却外物而凝神；养斗鸡是介绍凝神养气的方法；梓庆斫木是因为集思凝神，自我与外界一体。凡此种种皆为养神之法，皆为达生之道，皆是对第一部分的诠释。

原文

达生之情者[①]，不务[②]生之所无以为；达命之情者，不务知[③]之所无奈何。养形必先之以物，物有余而形不养者有之矣；有生必先无离形，形不离而生亡者有之矣。生之来不能却[④]，其去不能止[⑤]。悲夫！世之人以为养形足以存生；而养形果不足以存生，则世[⑥]奚足为哉！虽不足为而不可不为者，其为不免矣！

未欲免为形者，莫如弃世。弃世则无累，无累则正平[7]，正平则与彼更生[8]，更生则几[9]矣！事奚足弃则生奚足[10]遗？弃世则形不劳，遗生则精不亏。夫形全精复[11]，与天为一。天地者，万物之父母也；合则成体，散则成始。形精不亏，是谓能移[12]。精而又精，反以相[13]天。

译文

通晓生命实情的人，不会去努力追求对于生命没有什么好处的东西；通晓命运实情的人，不会去努力追求命运无可奈何的事情。养育身形必定先得备足各种物品，可是物资充裕有余而身体却不能很好保养的情况是有的；保全生命必定先得使生命不脱离形体，可是形体没有死去而生命却已死亡的情况也是有的。生命的到来不能推却，生命的离去不能留止。可悲啊！世俗的人认为养育身形便足以保存生命；然而养育身形果真不足以保存生命，那么，世间还有什么事情值得去做呢！虽然不值得去做却不得不去做，内中的操劳或勤苦也就不可避免。

想要免除操劳形体的情况，不如忘却世事。忘却世事就没有劳苦和拘累，没有劳苦和拘累就算走上了正确的道路，走上了正确的道路就能跟随自然一道生存与变化，跟自然一道生存与变化也就接近于大道了。世俗之事为什么须得舍弃？而生命途中的痕迹为什么须得遗忘？舍弃了世俗之事身形就不会劳累，遗忘了生命的涯际精神就不会亏损。身形得以保全而精神得以复本还原，就跟自然融合为一体。天和地，乃是万物（生长、繁育）的父体和母体，（阴阳二气）一旦结合便形成物体，物体一旦离散又成为新的物体产生的开始。形体保全精神不亏损，这就叫做能够随自然的变化而变化；精神汇集达到高度凝聚的程度，返回过来又将跟自然相辅相成。

---

①达：通达，懂得。生：生命。情：实情，真谛。

②务：追求。

③知：当为“命”字之误。

④却：拒绝。

⑤止：留住。

⑥世：指世人备物养形之事。

⑦正平：指身心都处于本然平稳的状态之中。

⑧彼：指大自然。更生：谓循环推移。

⑨几：接近。此指接近大道。

⑩奚：何以，为什么。足：值得。

⑪精复：谓精神恢复不亏。

⑫能移：能随自然变化推移更新。

⑬相：辅助，帮助。

原文

子列子问关尹曰[1]：“至人潜行[2]不窒，蹈火不热，行乎万物之上而不栗。请问何以至于此？”

关尹曰：“是纯气之守也[3]，非知巧果敢之列[4]。居[5]，予语女。凡有貌象[6]声色者，皆物也。物[7]与物何以相远？夫奚足以至乎先[8]？是色[9]而已。则物之造[10]乎不形，而止乎无所化。夫得是[11]而穷之者，物[12]焉得而止焉！彼将处乎不淫之度[13]，而藏乎无端之纪[14]，游乎万物之所终始，一其性，养其气[15]，合其德，以通乎物之所造[16]。夫若是者，其天[17]守全，其神无郤[18]，物[19]奚自入焉！夫醉者之坠车，虽疾[20]不死。骨节与人同，而犯害[21]与人异，其神全也。乘亦不知也，坠亦不知也，死生惊惧不入乎其胸中，是故逻物而不慴[22]。彼[23]得全于酒而犹若是，而况得全于天[24]乎？圣人藏于天，故莫之能伤也。复仇者，不折镆干[25]；虽有忮[26]心者，不怨飘瓦，是以天下平均[27]。故无攻战之乱，无杀戮之刑者，由此道也。不开人之天[28]，而开天之天[29]。开天者德[30]生，开人者贼[31]生。不厌[32]其天，不忽于人，民几乎以其真[33]。"

译文

列子问关尹说："道德修养臻于完善的至人潜行水中却不会感到阻塞，跳入火中却不会感到灼热，行走于万物之上也不会感到恐惧。请问怎样会达到这样的境界？"

关尹回答说："这是因为持守住纯和元气，并不是智巧、果敢所能做到的。坐下，我告诉给你。大凡具有面貌、形象、声音、颜色的东西，都是物体，那么物与物之间又为什么差异很大，区别甚多？又是什么东西最有能耐足以居于他物之先的地位？这都只不过是有形状和颜色罢了。大凡一个有形之物却不显露形色而留足于无所变化之中。懂得这个道理而且深明内中的奥秘，他物又怎么能控制或阻遏住他呢！那样的人处在本能所为的限度内，藏身于无端无绪的混沌中，游乐于万物或灭或生的变化环境里，本性专一不二，元气保全涵养，德行相融相合，从而使自身与自然相通。像这样，他的禀性持守保全，他的精神没有亏损，外物又从什么地方能够侵入呢！醉酒的人坠落车下，虽然满身是伤却没有死去。骨骼关节跟旁人一样而受到的伤害却跟别人不同，因为他的神思高度集中。乘坐在车子上也没有感觉，即使坠落地上也不知道，死、生、惊、惧全都不能进入到他的思想中，所以遭遇外物的伤害却全没有惧怕之感。那个人从醉酒中获得保全完整的心态尚且能够如此忘却外物，何况从自然之道中忘却外物而保全完整的心态呢？圣人藏身于自然，所以没有什么能够伤害他。复仇的人并不会去折断曾经伤害过他的宝剑，即使常存忌恨之心的人也不会怨恨那偶然飘来、无心伤害到他的瓦片，这样一来天下也就太平安宁。没有攻城野战的祸乱，没有残杀戮割的刑罚，全因为遵循了这个道理。不要开启人为的思想与智巧，而要开发自然的真性。开发了自然的真性则随遇而安，获得生存；开启人为的思想与智巧，就会处处使生命受到残害。不要厌恶自然的禀赋，也不忽视人为的才智，人们也就几近纯真无伪了！”

---

①子列子：对列御寇的尊称。关尹：有两种说法。其一，名喜，关尹为其官职名称。其二，关尹，即关令严喜，姓尹名喜，字公度，为函谷关令。

②潜行：谓潜行水中。

③纯气：纯和的元气。守：持守。

④知：通“智”。列：类。

⑤居：坐下。

⑥貌象：形貌迹象。

⑦物：指一切有形迹声色可见可闻的东西，也包括拘于形迹声色，而不能独任虚无的人。

⑧先：先到眼前。

⑨色：指拘于色相之物。

⑩造：至，达到。

⑪是：此，指道。

⑫物：外物。

⑬彼：指至人。淫：过分，超越。

⑭无端之纪：无首无尾。纪：绪。

⑮气：元气。

⑯物之所造：即造物者，派生万物的大道。

⑰天：自然天性。

⑱郤（xì）：通“隙”，间隙，裂缝。

⑲物：外物。

⑳疾：摔伤。

㉑犯害：受害。

㉒遻（è）：通“遌”，触，遇到。慴（shè）：害怕，恐惧。

㉓彼：指醉者。

㉔天：指自然无为的天道，即大道。

㉕镆干：即镆铘与干将，都是古代良剑名。

㉖忮（zhì）：忌恨，嫉妒。

㉗平均：谓和平安宁。

㉘人之天：谓情欲。

㉙天之天：谓自然恬淡。

㉚德：自然德性。

㉛贼：祸害。

㉜厌：满足。

㉝几：差不多。真：真性。

原文

仲尼适[①]楚，出于林中，见痀偻者承蜩[②]，犹掇[③]

之也。仲尼曰："子巧乎，有道[4]邪？"曰："我有道也。五六月累丸二而不坠，则失者锱铢[5]；累三而不坠，则失者十一；累五而不坠，犹掇之也。吾处身[6]也，若厥株拘[7]；吾执臂[8]也，若槁木之枝。虽天地之大，万物之多，而唯蜩翼之知。吾不反不侧，不以万物易[9]蜩之翼，何为而不得！"孔子顾谓弟子曰："用志不分，乃凝于神[10]，其痀偻丈人[11]之谓乎！"

译文

孔子到楚国去，经过树林，看见一个驼背老人正用竿子粘蝉，就好像用手拾取一样容易。孔子说："先生真是巧啊！有技艺吗？"驼背老人说："我有我的办法。经过五六个月的练习，在竿头累叠起两个丸子而不会坠落，那么失手的情况已经很少了；叠起三个丸子而不坠落，那么失手的情况十次不会超过一次了；叠起五个丸子而不坠落，也就会像用手拾取一样容易。我立定身子，犹如临近地面的断木，我举竿的手臂，就像枯木的树枝；虽然天地很大，万物品类很多，我一心只注意蝉的翅膀，从不思前想后左顾右盼，绝不因纷繁的万物而改变对蝉翼的注意，为什么不能成功呢！"孔子转身对弟子们说："运用心志不分散，就是高度凝聚精神，恐怕说的就是这位驼背的老人吧！"

---

①适：往。

②痀偻（gōu lóu）：老人驼背的样子。承蜩（tiáo）：持竿粘蝉。蜩：蝉。

③掇：拾取。

④道：指技艺。

⑤锱铢（zī zhū）：古代重量单位，比喻极小的数量。

⑥处身：立定身子。

⑦厥：直立。拘：当为“枸“字之误。枸，指树干靠近根的部分。

⑧执臂：用臂执竿。

⑨易：改变。

⑩凝于神：谓精神凝聚专一。

⑪丈人：古时对老人的尊称。

原文

颜渊问仲尼曰：“吾尝济乎觞深之渊①，津人操舟若神②。吾问焉，曰：‘操舟可学邪？’曰：‘可。善游者数③能。若乃夫没人④，则未尝见舟而便操之也。’吾问焉而不吾告，敢问何谓也？”

仲尼曰：“善游者数能，忘水也⑤。若乃夫没人之未尝见舟而便操之也，彼视渊若陵，视舟之覆犹其车却⑥也。覆却万方陈乎前而不得入其舍⑦，恶往而不暇⑧！以瓦注者巧⑨，以钩注者惮⑩，以黄金注者㱪⑪。其巧一也，而有所矜⑫，则重外⑬也。凡外重者内拙。”

译文

颜渊问孔子说：“我曾经坐船渡过觞深，摆渡人驾船的技巧实在神妙。我问他：‘驾船可以学习吗？’摆渡人说：‘可以的。善于游泳的人很快就能驾船。至于是善于潜水的人，那他不曾见到船也会熟练地驾驶船。’我进而问他为什么，而他却不再回答我。请问他的话说的是什么意思呢？”

孔子回答说：“善于游泳的人很快就能学会驾船，这是因为他们习以成性适应于水而处之泰然。至于那善于潜水的人不曾见到过船就能熟练地驾驶船，是因为他们眼里的深渊就像是陆地上的小丘，看待船翻犹如车子倒退一样。船的覆没和车的倒退以及各种景象展现在他们眼前却都不能扰乱他们的内心，他们到哪里不从容自得！用瓦器作为赌注的人心地坦然而格外技高，用金属带钩作为赌注的人而心存疑惧，用黄金作为赌注的人则头脑发昏内心迷乱。各种赌注的赌博技巧本是一样的，而有所顾惜，那就是以身外之物为重了。大凡对外物看得过重的人其内心世界一定笨拙。”

---

①济：渡。觞深：渊名。

②津人：在觞深上摆渡的人。操舟：驾驶船只。

③数：数次，多次。

④若乃：至于。夫：那。没（mò）人：能潜入水底的人。

⑤忘水：不把水放在心上，这里指熟悉水性。

⑥却：后退。

⑦万方：万端，即千万种翻船、退车的景象。陈：显现。舍：内心。

⑧暇：闲适自得。

⑨注：赌注。此处作动词，谓作为赌注。巧：心灵思巧。

⑩钩：带钩，多用青铜制成。惮：惧怕。

⑪昏（hūn）：通“惛”，心志昏乱。

⑫矜：怜惜。

⑬重外：注重外物。

原文

田开之[1]见周威公。威公曰："吾闻祝贤学生[2]，吾子[3]与祝贤游，亦何闻焉？"田开之曰："开之操拔篲[4]以侍门庭，亦何闻于夫子[5]！"

威公曰："田子无让[6]，寡人愿闻之。"开之曰："闻之夫子曰：'善养生者，若牧羊然，视其后者而鞭之。'"威公曰："何谓也？"

田开之曰："鲁有单豹[7]者，岩居而水饮[8]，不与民共利[9]，行年七十而犹有婴儿之色；不幸遇饿虎，饿虎杀而食之。有张毅[10]者，高门县薄[11]，无不走[12]也，行年四十而内热之病以死。豹养其内而虎食其外，毅养其外而病攻其内。此二子者，皆不鞭其后[13]者也。

仲尼曰："无入而藏，无出而阳[14]，柴[15]立其中央。三者若得，其名必极[16]。夫畏涂[17]者，十杀一人，则父子兄弟相戒也，必盛卒徒[18]而后敢出焉，不亦知[19]乎？人之所取畏[20]者，衽席之上[21]，饮食之间，而不知为之戒者，过[22]也！"

译文

田开之拜见周威公，周威公说："我听说祝贤在学习养生，你跟祝贤交游，从他那儿听到过什么呢？"田开之说："我只不过拿起扫帚来打扫门庭，又能从先生那里听到什么！"

周威公说："先生不必谦虚，我希望能听到这方面的道理。"田开之说："听先生说：'善于养生的人，就像是放牧羊群似的，瞅到落后的便用鞭子赶一赶。’”周威公问：“这话说的是什么意思呢？”

田开之说：“鲁国有个叫单豹的人，在岩穴里居住靠山泉边饮水，不跟任何人争利，活了七十岁还有婴儿一样的面容，不幸遇上了饿虎，饿虎扑杀并吃掉了他。另有一个叫张毅的，无论高门甲第、贫穷小户，没有不去看望他的，活到四十岁便患内热病而死去。单豹注重内心世界的修养可是老虎却吞食了他的身体，张毅注重身体的调养可是疾病侵扰了他的内心世界。这两个人，都不是能够鞭策落后而取其适宜的人。”

孔子说：“不要进入荒山野岭把自己深藏起来，也不要投进世俗而使自己处处显露，要像槁木一样站立在两者中间，既不显露，也不隐藏。倘若以上三种情况都能具备，他的名声必定最高。使人可畏的道路，十个行人有一个人被杀害，于是父子兄弟相互提醒和戒备，必定要使随行的徒众多起来方才敢于外出，这不是很聪明吗！人所最可怕的，还是枕席上的恣意，饮食间的失度；却不知道为此提醒和戒备，这实在是过错。”

---

①田开之：姓田，名开之，学养生的人。

②祝贤：姓祝，名贤，学养生之道的人。学生：学养生之道。

③吾子：敬辞，犹“您”。

④拔篲（huì）：扫帚。

⑤夫子：先生，指祝贤。

⑥让：谦让。

⑦单（shàn）豹：姓单，名豹，鲁国隐士。

⑧水饮：饮山泉之水。

⑨共利：争利。

⑩张毅：姓张，名毅，鲁国人，以谦恭著称。

⑪高门：指大户。县薄：即悬挂帷帘在门前的穷人。县，通“悬”，挂。

⑫走：趋。

⑬鞭其后：谓去其不足，使其执中无偏。

⑭阳：显露。

⑮柴：枯木。

⑯极：穷极，穷尽。

⑰畏涂：艰险多盗之途。涂：通“途”。

⑱盛卒徒：谓成群结队。

⑲知：通“智”，聪明。

⑳取畏：自取戕害。

㉑衽（rèn）席之上：指色欲之事。衽，卧席。

㉒过：错误，过错。

原文

祝宗人玄端以临牢筴[①]，说彘[②]曰：“汝奚恶死？吾将三月犉[③]汝，十日戒，三日齐[④]，藉白茅[⑤]，加汝肩尻乎雕俎之上[⑥]，则汝为之乎？”为彘谋，曰：“不如食以糠糟，而错[⑦]之牢筴之中。”自为谋，则苟[⑧]生有轩冕之尊，死得于腞楯[⑨]之上、聚偻[⑩]之中则为之。为彘谋则去之[⑪]，自为谋则取之[⑫]，所异彘者何也？

译文

主持宗庙祭祀的官吏穿好礼服戴上黑色礼帽来到猪圈边，对着栅栏里的猪说：“你为什么要讨厌死呢？我将喂养你三个月，用十天为你上戒，用三天为你作斋，铺垫上白茅，然后把你的肩胛和臀部放在雕有花纹的祭器上，你愿意这样吗？”为猪打算，便说：

“仍不如吃糠咽糟而关在猪圈里。”为自己打算，就希望活在世上有高贵荣华的地位，死后则能盛装在绘有文采的柩车上和棺椁中。为猪打算就会舍弃白茅、雕俎之类的东西，为自己打算却想求取这些东西，所不同于猪的原因究竟是什么呢？

---

①祝宗人：祭祀官。玄端：黑色礼帽。这里作动词。临：走近，靠近。牢筴：猪圈。筴：木栏。

②彘（zhì）：猪。

③豢（huàn）：通“豢”，豢养。

④齐：通“斋”。

⑤藉白茅：用白茅作祭器的衬垫，表示洁净。藉：铺垫。

⑥肩：前腿的根部。尻：臀部。俎：盛祭品的器具。

⑦错：放置。

⑧苟：希望。

⑨腞楯（zhuàn shǔn）：饰有花纹的柩车。腞，画饰。楯，柩车。

⑩聚偻：本指棺饰，这里借指饰纹繁多的棺椁。聚，丛积。

⑪去：丢弃，抛弃。之：指白茅、雕俎。

⑫之：指轩冕、柩车、棺椁。

原文

桓公田于泽①，管仲御②，见鬼焉。公抚管仲之手曰：“仲父③何见？”对曰：“臣无所见。”公反④，诶诒⑤为病，数日不出。

齐士有皇子告敖者⑥，曰：“公则自伤，鬼恶能伤公！夫忿滀⑦之气，散而不反，则为不足⑧；上⑨而不下，则使人善怒；下而不上，则使人善忘；不上不下，中身当心，则为病。”桓公曰：“然则有鬼乎？”曰：“有。沈有履[10]，灶有髻[11]。户内之烦壤[12]，雷霆[13]处之；东北方之下者，倍阿、鲑蠪跃之[14]；西北方之下者，则泆阳[15]处之。水有罔象[16]，丘有峷[17]，山有夔[18]，野有彷徨[19]，泽有委蛇。”

公曰：“请问，委蛇之状何如？”皇子曰：“委蛇，其大如毂[20]，其长如辕[21]，紫衣而朱冠。其为物也，恶闻雷车之声，则捧其首而立。见之者殆[22]乎霸。”桓公辴然[23]而笑曰：“此寡人之所见者也。”于是正衣冠与之坐，不终日而不知病之去也[24]。

译文

齐桓公在草泽中打猎，管仲替他驾车，突然桓公见到了鬼。桓公拉住管仲的手说：“仲父，你见到了什么？”管仲回答：“我没有见到什么。”桓公打猎回来，疲惫困怠而生了病，好几天不出宫门。

齐国有个士人叫皇子告敖的对齐桓公说：“你是自己伤害了自己，鬼怎么能伤害你呢？身体内部郁结着气，精魂就会离散而不返归于身，对于来自外界的骚扰也就缺乏足够的精神力量。郁结着的气上通而不能下达，就会使人易怒；下达而不能上通，就会使人健忘；不上通又不下达，郁结内心而不离散，那就会生病。”桓公说：“这样，那么还有鬼吗？”告敖回答：“有。水中污泥里有叫履的鬼，灶里有叫髻的鬼。门户内的各种粪壤，名叫雷霆的鬼居住在那里；东北的墙下，名叫倍阿、鲑蠪的鬼在跳跃；西北方的墙下，名叫泆阳的鬼住在那里。水里有水鬼罔象，丘陵里有山鬼峷，大山里有山鬼夔，郊野里有野鬼彷徨，草泽里还有一种名叫委蛇的鬼。”

桓公接着问：“请问，委蛇的形状怎么样？”告敖回答：“委蛇，身躯大如车轮，长如车辕，穿着紫衣戴着红帽。他作为鬼神，最讨厌听到雷车的声音，一听见就两手捧着头站着。见到了他的人恐怕要成为霸主了。”桓公听了后开怀大笑，说：“这就是我所见到的鬼。“于是整理好衣帽跟皇子告敖坐着谈话，不到一天时间，病也就不知不觉地消失了。

---

①桓公：齐桓公，姓姜，名小白，春秋五霸之一。田：打猎。

②御：驾驭车马。

③仲父：齐桓公对管仲的尊称。

④反：通“返”，回来。

⑤诶诒（xī yí）：疲惫、困怠。

⑥皇子告敖：复姓皇子，字告敖，齐国贤人。

⑦忿滀（chù）：蓄愤郁结。滀：结聚。

⑧不足：谓精神萎靡不振。

⑨上：谓忿滀之气上攻头部。

⑩沈：通“沉”，水下污泥。履：鬼名。

⑪髻：灶神名，状如美女，着赤衣。

⑫烦壤：粪壤。

⑬雷霆：鬼名。

⑭倍阿、鲑蠪（wā lóng）：皆神名。跃之：在那里蹦跳着。

⑮泆（yì）阳：鬼名。

⑯罔象：鬼怪名。

⑰峷（shēn）：山丘之鬼。

⑱夔（kuí）：木石之怪。

⑲彷徨：野外鬼名。

⑳毂（gǔ）：车轮中心可以插轴的部件。

㉑辕：大车前面驾牲口的两根直木。

㉒殆：近，差不多。

㉓辴（chǎn）然：喜笑的样子。

㉔不知：不知不觉。去：愈。

原文

纪渻子为王养斗鸡[①]。十日而问："鸡已乎？"曰："未也，方虚憍而恃气[②]。"十日又问，曰："未也，犹应向景[③]。"十日又问，曰："未也，犹疾视而盛气。"十日又问，曰："几[④]矣，鸡虽有鸣者，已无变矣。望之似木鸡矣，其德全[⑤]矣，异鸡无敢应者[⑥]，反走[⑦]矣。"

译文

纪渻子为齐宣王驯养斗鸡。过了十天齐王问："鸡驯好了吗？"纪渻子回答说："不行，正虚浮骄矜自恃意气呢。"十天后齐王又问，回答说："不行，还是听见鸡的叫声就叫，看见鸡的影子就产生想斗的反应。"十天后齐王又问，回答说："还是那么顾看迅疾，意气强盛。"又过了十天齐王问，回答说："差不多了。别的鸡即使打鸣，它已不会有什么变化，看上去像木鸡一样，它的德行真可说是完备了，别的鸡没有敢于应战的，看见它掉头就逃跑了。"

---

①纪渻（shěng）子：姓纪，名渻子。王：指齐王。

②虚：虚浮。憍：通"骄"。恃气：自恃意气。

③向：通“响”，指鸡鸣声。景：通“影”，指鸡的身影。

④几：差不多。

⑤德全：自然德性完备。

⑥异鸡：别的鸡。应：应战。

⑦反走：转身逃跑。

原文

孔子观于吕梁①，县水②三十仞，流沫③四十里，鼋鼍④鱼鳖之所不能游也。见一丈夫⑤游之，以为有苦而欲死也，使弟子并流而拯之⑥。数百步而出，被发行歌而游于塘下⑦。孔子从而问焉，曰：“吾以子为鬼，察子则人也。请问，蹈水有道乎⑧？”曰：“亡⑨，吾无道。吾始乎故⑩，长乎性，成乎命⑪。与齐⑫俱入，与汩⑬偕出，从水之道而不为私焉。此吾所以蹈之也。”孔子曰：“何谓始乎故，长乎性，成乎命？”曰：“吾生于陵而安于陵，故也；长于水而安于水，性也；不知吾所以然而然，命也。”

译文

孔子在吕梁观赏风光，瀑布高悬三十丈，冲刷而起的激流和水花远达四十里，鼋、鼍、鱼、鳖都不敢在这一带游水。只见一个壮年男子游在水中，还以为是有痛苦而想寻死的，派弟子顺着水流去拯救他。忽见那壮年男子游出数百步远而后露出水面，还披着头发边唱边游在堤岸下。孔子紧跟在他身后而问他，说：“我还以为你是鬼，仔细观察你却是个人。请问，游水也有什么特别的门道吗？”那人回答：“没有，我并没有什么特别的方法。我起初是故常，长大是习性，有所成就在于自然。我跟水里的漩涡一块儿下到水底，又跟向上的涌流一道游出水面，顺着水势而不作任何违拗。这就是我游水的方法。”孔子说：“什么叫做‘起初是故常，长大是习性，有所成就在于自然’呢？”那人又回答：“我出生于山地就安于山地的生活，这就叫做故常；长大了又生活在水边就安于水边的生活，这就叫做习性；不知道为什么会这样而这样生活着，这就叫做自然。”

---

①吕梁：地名，在今徐州附近。

②县水：瀑布。县，通“悬”。

③流：激流。沫：浪花。

④鼋（yuán）：即癞头鼋，鳖的一种。鼍（tuó）：即扬子鳄，俗称“猪婆龙”。

⑤丈夫：古代称成年男子为丈夫。

⑥并流：靠近岸边，顺流游去。拯：拯救。

⑦被发：散发。被，通“披”。行歌：边走边唱。游：行走。塘下：堤岸之下。

⑧蹈水：游泳。道：方法。

⑨亡：通“无”，没有。

⑩故：本然。

⑪命：自然之理。

⑫齐：通“脐”，指漩涡，因其形似肚脐，故称。

⑬汩：上涌的波流。

原文

梓庆削木为鐻[1]，鐻成，见者惊犹鬼神。鲁侯见而问焉，曰："子何术以为焉？"对曰："臣，工人②，何术之有！虽然，有一焉。臣将为鐻，未尝敢以耗气③也，必齐④以静心。齐三日，而不敢怀庆赏爵禄；齐五日，不敢怀非誉巧拙；齐七日，辄然忘吾有四枝形体也⑤。当是时也，无公朝，其巧专而外骨消⑥。然后入山林，观天性⑦，形躯⑧至矣，然后成见鐻，然后加手⑨焉；不然则已⑩。则以天合天，器之所以疑神⑪者，其是与！"

译文

梓庆能削刻木头做悬挂钟鼓的架子，做成以后，看见的人无不惊叹认为是鬼斧神工。鲁侯见到便问他，说："你用什么办法做成的呢？"梓庆回答道："我是个做工匠的人，会有什么特别高明的技术！虽说如此，我还是有一种本事。我准备做鐻时，从不敢随便耗费精神，必定斋戒来静养心思。斋戒三天，不再怀有庆贺、赏赐、获取爵位和俸禄的思想；斋戒五天，不再心存非议、夸誉、技巧或笨拙的杂念；斋戒七天，已不为外物所动，仿佛忘掉了自己的四肢和形体。正当这个时候，我的眼里已不存在公室和朝廷，智巧专一而外界的扰乱全都消失。然后我便进入山林，观察各种木料的质地；选择好外形与体态最与鐻相合的，这时业已形成的鐻的形象便呈现于我的眼前，然后动手加工制作；不是这样我就停止不做。这就是用我木工的纯真本性融合木料的自然天性，制成的器物疑为鬼斧神工的原因，恐怕也就出于这一点吧！"

---

①梓庆：姓梓，名庆，鲁国木匠。鐻（jù）：悬挂钟鼓的架子，上面刻

有鸟兽等图案。

②工人：作工匠的人。

③耗气：耗费神气。

④齐：通“斋”，斋戒。

⑤辄然：不动的样子。枝：通“肢”。

⑥巧专：智巧专一。外骨：外物的滑乱。骨，通“滑”，乱。

⑦观天性：观察树木的天然质性。

⑧形躯：指树木的形体。

⑨加手：谓着手取木。

⑩已：止。

⑪疑神：疑是鬼神所作。

原文

东野稷以御见庄公①，进退中绳②，左右旋中规③。庄公以为文④弗过也，使之钩⑤百而反。颜阖⑥遇之，入见曰：“稷之马将败。”公密⑦而不应。少焉，果败而反。公曰：“子何以知之？”曰：“其马力竭矣而犹求⑧焉，故曰败。”

译文

东野稷因为善于驾车而得见鲁庄公，他驾车时进退能够在一条直线上，左右转弯形成规整的弧形。庄公认为就是造父也未必赶得上他，于是要他驾车转上一百圈后再回来。颜阖遇上了这件事，入内会见庄公，说：“东野稷的马车表演一定会失败的。”庄公默不作声。不多久，东野稷果然失败而回。庄公问：“你为什么事先就知道他定会失败呢？”颜阖回答说：“东野稷的马力气已经用尽，可是还要它转圈奔走，所以说必定会失败的。”

①东野稷：复姓东野，名稷，善驭马。庄公：鲁庄公。

②中绳：合绳墨之直。

③中规：合规之圆。

④文：当为“造父”之误。造父，为周穆王驾八骏，最善御。

⑤钩：让马车打转。

⑥颜阖：姓颜，名阖，鲁国贤人。

⑦密：默不作声。

⑧求：驱使。

原文

工倕旋而盖规矩①，指与物化，而不以心稽②，故其灵台一而不桎③。忘足，履之适也；忘要④，带之适也；知忘是非，心之适也；不内变，不外从，事会⑤之适也。始⑥乎适而未尝不适者，忘适之适也。

译文

工倕随手画来就胜过用圆规与矩尺画出的，手指跟随事物一道变化而不须用心留意，所以他心灵深处专一凝聚而不曾受过拘束。忘掉了脚，穿鞋子就会感到舒适；忘掉了腰，系带子便会感到舒适；能够忘掉是非，内心就会感到安适；不改变内心的持守，不顺从外物的影响，遇事就能安适。本性常适而从未有过不适，也就是忘掉了安适的安适。

①工倕（chuí）：尧时巧匠。旋：以手指旋转画圆。盖：借为“盍”，合。

②稽：思考。

③灵台：即灵府，心灵。一：凝一。桎：窒塞。

④要：通“腰”。

⑤事会：所遇之事。

⑥始：本性。

原文

有孙休[①]者，踵门而诧子扁庆子曰[②]：“休居乡不见谓不修[③]，临难不见谓不勇。然而田原不遇岁[④]，事君不遇世[⑤]，宾[⑥]于乡里，逐[⑦]于州部，则胡罪[⑧]乎天哉？休恶[⑨]遇此命也？”

扁子曰：“子独不闻夫至人之自行邪？忘其肝胆，遗其耳目，芒然彷徨乎尘垢之外[⑩]，逍遥乎无事之业，是谓为而不恃[⑪]，长而不宰[⑫]。今汝饰知以惊愚，修身以明污[⑬]，昭昭乎若揭日月而行也[⑭]。汝得全而形躯[⑮]，具而九窍[⑯]，无中道夭于聋盲跛蹇而比于人数[⑰]，亦幸矣，又何暇乎天之怨[⑱]哉？子往矣！”

孙子出，扁子入。坐有间[⑲]，仰天而叹。弟子问曰：“先生何为叹乎？”扁子曰：“向者[⑳]休来，吾告之以至人之德，吾恐其惊而遂至于惑也[㉑]。”弟子曰：“不然。孙子之所言是邪？先生之所言非邪？非固不能惑是。孙子所言非邪？先生所言是邪？彼固惑而来矣，又奚罪[㉒]焉！”

扁子曰：“不然。昔者有鸟止于鲁郊，鲁君说[㉓]之，为具太牢以飨[24]之，奏《九韶》以乐之。鸟乃始忧悲眩视，不敢饮食。此之谓以己养养鸟也。若夫以鸟养养鸟者，宜栖之深林，浮之江湖，食之以委蛇[25]，则平陆而已矣。今休，款启[26]寡闻之民也。吾告以至人之德，譬之若载鼷[27]以车马，乐鴳以钟鼓也[28]，彼又恶能无惊乎哉！”

译文

有个名叫孙休的人，走到扁庆子门前告诉他的老师扁庆子，说：“我安居乡里不曾被人说过我没有道德修养差，面临危难也没有人说过我不勇敢；然而我的田地里却从未遇上过好年成，为国家出力也未遇上圣明的国君，被乡里所摈弃，受地方官放逐，我什么地方得罪了上天吗？我怎么会遇上如此的命运？”

扁子说：“你不曾听说过那道德修养极高的人的身体力行吗？忘却自己的肝胆，也遗弃了自己的耳目，无心地放纵于世俗尘垢之外，自由自在地生活在不求建树的环境中，这就叫做有所作为而不自恃，有所建树而不自得。如今你把自己打扮得很有才干用以惊吓众人，用修养自己的办法来突出他人的污秽，毫不掩饰地炫耀自己就像在举着太阳和月亮走路。你得以保全形体和身躯，具备了九窍，没有中道上夭折于聋、瞎、跛、瘸，而处于寻常人的行列，也真是万幸了，又有什么闲暇抱怨上天呢？你还是走吧！”

孙休走出屋子，扁子回到房里。坐了不多一会儿，扁子仰天长叹。弟子问道：“先生为什么长叹呢？”扁子说：“刚才孙休进来，我把道德修养极高的人的德行告诉给他，我真担心他会吃惊以至迷惑更深。”弟子说：“不对哩。孙休所说的话是正确的吗？先生所说的话是错误的吗？错误的本来就不可能迷惑正确的。孙休所说的话是不对的吗？先生所说的话是正确的吗？他本来就因迷惑而来请教，又有什么过错呀！”

扁子说：“不是这样的。从前有只海鸟飞到鲁国都城郊外，鲁国国君很喜欢它，用“太牢”来宴请它，奏《九韶》乐来让它快乐。海鸟竟忧愁悲伤，眼花缭乱，不敢吃喝。这叫做按自己的生活习性来养鸟。假若是按鸟的习性来养鸟，就应当让它栖息于幽深的树林，浮游于大江大湖，让它吃泥鳅，这本是极为普通的道理而已。如今的孙休，乃是管窥之见、孤陋寡闻的人，我告诉给他道德修养极高的人的德行，就好像用马车来托载小老鼠，用钟鼓的乐声来取悦小鹌雀一样。他又怎么会不感到吃惊啊！”

---

①孙休：姓孙，名休，鲁国人。

②踵：至。诧：告诉。子扁庆子：犹言“先生扁庆子”。扁庆子：姓扁，名庆子，鲁国的贤人，孙休的老师。

③见：被。谓：称。

④田原：耕作田地。岁：好收成。

⑤世：指明主圣君在位的时代。

⑥宾：通“摈”，排斥。

⑦逐：放逐。

⑧罪：得罪。

⑨恶：何。

⑩芒然：无知无识的样子。彷徨：放纵。尘垢：尘世，世俗。

⑪恃：功自恃。

⑫宰：主宰。

⑬明污：显露别人的污秽。

⑭昭昭：明亮的样子。揭：举。

⑮全：保全。而：通“尔”，你。

⑯具：具备。九窍：耳、目、口、鼻七窍和前阴、后阴两窍。

⑰蹇（jiǎn）：跛足。比：列。数：辈，行列。

⑱天之怨：即怨天。

⑲有间：一会儿。

⑳向者：刚才。

㉑遂：因此。惑：迷惑。

㉒罪：过错，过失。

㉓说：通“悦”。

㉔飨（xiǎng）：以酒食款待。

㉕委蛇：这里指泥鳅。

㉖款启：开孔之小，比喻所见之小。

㉗鼷（xī）：鼠类中最小的一种。

㉘鴳（yàn）：雀类小鸟。

名句索引

学习

1. 大知闲闲，小知间间；大言炎炎，小言詹詹。

——《庄子·齐物论》

2. 吾生也有涯，而知也无涯。以有涯随无涯，殆已！已而为知者，殆而已矣！

——《庄子·养生主》

3. 且夫水之积也不厚，则其负大舟也无力。

——《庄子·逍遥游》

4. 以无厚入有间，恢恢乎其于游刃必有余地矣。

——《庄子·养生主》

个人修养

1. 相与于无相与，相为于无相为？

——《庄子·大宗师》

2. 是以火救火，以水救水，名之曰益多。

——《庄子·人间世》

3. 物无非彼，物无非是。自彼则不见，自知则知之。故曰：彼出于是，是亦因彼。

——《庄子·齐物论》

4. 汝不知夫螳螂乎？怒其臂以当车辙，不知其不胜任也，是其才之美者也。

——《庄子·人间世》

5. 山木自寇也；膏火自煎也。桂可食，故伐之；漆可用，故割之。人皆知有用之用，而莫知无用之用也。

——《庄子·人间世》

6. 不以物挫志。

——《庄子·天地》

7. 夫小惑易方，大惑易性。

——《庄子·骈拇》

8. 孝子不谀其亲，忠臣不谄其君，臣子之盛也。

——《庄子·天地》

9. 夫鹄不日浴而白，乌不日黔而黑。

——《庄子·天运》

10. 夫哀莫大于心死，而人死亦次之。

——《庄子·田子方》

11. 臭腐复化为神奇，神奇复化为臭腐。故曰："通天下一气耳。"

——《庄子·知北游》

12. 天地有大美而不言，四时有明法而不议，万物有成理而不说。

——《庄子·知北游》

名著知识要点

作者及年代	庄子（约前369年～前286年），名周，战国时期宋国蒙人。著名的思想家、文学家，道家学派的重要代表，与老子并称“老庄”。 《庄子》是道家的经典著作之一，唐代以后又称《南华经》，由庄子及其后学所著。全书三十三篇，内篇七，体现了庄子的主要思想，外篇十五，杂篇十一，是庄子后学所著。
地位与影响	先秦诸子散文中，庄子的散文最生动优美，最富有个性化特征。文辞的优美、意象的瑰丽、表现手段的丰富、想象的奇特，对中国散文产生了莫大的影响，其寓言对后世小说的形成也产生了明显的影响。
作家作品评价	韩愈把《庄子》和《离骚》并称，苏轼的文章最得力于《庄子》，鲁迅认为庄子的散文：“汪洋辟阖，仪态万方，晚周诸子之作，莫能先也。”
文章主旨	《庄子》体现了庄子的哲学思想，他追求绝对的思想自由，他认为，想要达到思想的绝对自由，就要达到“无己”“无功”“无名”。他还创立了“相对主义”学说，提出了“齐生死”“等万物”的妙论。
艺术特色	善用譬喻、形象生动。 想象丰富，气势恢宏。 嬉笑怒骂，皆成文章。 寓言说理，精辟生动。

阅读自我测试

一、阅读下面的文言文，回答问题。

昔赵文王喜剑，剑士夹门而客三千余人，日夜相击于前，死伤者岁百余人，好之不厌。如是三年，国衰，诸侯谋之。太子悝患之，募左右曰："孰能说王之意止剑士者，赐之千金。"左右曰："庄子当能。"

太子乃使人以千金奉庄子。庄子弗受，与使者俱，往见太子，曰："闻太子所欲用周者，欲绝王之喜好也。使臣上说大王，而逆王意，下不当太子，则身刑而死，周尚安所事金乎？使臣上说大王，下当太子，赵国何求而不得也！"太子曰："然。吾王所见，唯剑士也。"庄子曰："诺。周善为剑。"太子曰："今夫子必儒服而见王，事必大逆。"庄子曰："请治剑服。"治剑服三日，乃见太子。太子乃与见王。

庄子入殿门不趋，见王不拜。王曰："子欲何以教寡人？"曰："臣闻大王喜剑，故以剑见王。"王曰："子之剑何能禁制？"曰："臣之剑，十步一人，千里不留行。"王大悦之，曰："天下无敌矣！"庄子曰："夫为剑者，示之以虚，开之以利，后之以发，先之以至。愿得试之。”

王曰：“夫子休，就舍待命。令设戏请夫子。”

王乃校剑士七日，死伤者六十余人，得五六人，使奉剑于殿下，乃召庄子。王曰：“今日试使士敦剑。”庄子曰：“望之久矣。”王曰：“夫子所御杖，长短何如？”曰：“臣之所奉皆可。然臣有三剑，唯王所用，请先言而后试。”

王曰：“愿闻三剑。”曰：“有天子剑，有诸侯剑，有庶人剑。”王曰：“天子之剑何如？”曰：“天子之剑，以燕谿石城为锋，齐岱为锷；包以四夷，裹以四时；制以五行，论以刑德；上决浮云，下绝地纪。此剑一用，匡诸侯，天下服矣。”文王芒然自失，曰：“诸侯之剑何如？”曰：“诸侯之剑，以知勇士为锋，以清廉士为锷；上法圆天以顺三光，下法方地以顺四时，中和民意以安四乡。此剑一用，四封之内，无不宾服而听从君命者矣。”王曰：“庶人之剑何如？”曰：“庶人之剑，蓬头突鬓垂冠，瞋目而语难。相击于前，上斩颈领，下决肝肺，无异于斗鸡，一旦命已绝矣，无所用于国事。今大王有天子之位而好庶人之剑，臣窃为大王薄之。”

王乃牵而上殿。宰人上食，王三环之。庄子曰：“大王安坐定气，剑事已毕奏矣。”于是文王不出宫三月，剑士皆服毙其处也。

（《庄子·说剑》，有删节）

1．对下列句子中加点的词的解释，不正确的一项是（　　）

A．如是三年，国衰，诸侯谋之　谋：为……谋划。

B．请治剑服　治：备办。

C．庄子入殿门不趋　趋：小步快走

D．王乃校剑士七日　校：使……较量

2．下列各组句子中，加点的词的意义和用法相同的一组是（　　）

A．日夜相击于前 \ 河内凶，则移其民于河东

B．死伤者岁百余人，好之不厌 \ 甚矣，汝之不惠

C．今夫子必儒服而见王 \ 则天下之民皆引领而望之矣

D．太子乃与见王 \ 与嬴而不助五国也

3．下列句子中直接记述庄子言行机智的一组是（　　）

①“庄子当能。”

②太子乃使人以千金奉庄子，庄子弗受。

③庄子入殿门不趋，见王不拜。

④“臣闻大王喜剑，故以剑见王。”

⑤“然臣有三剑，唯王所用，请先言而后试。”

⑥“大王安坐定气，剑事已毕奏矣。”

A．①②③　　B．①⑤⑥

C．②④⑥　　D．③④⑤

4．下列对有关内容的理解和分析，正确的一项是（　　）

A．庄子剑术高超，能做到不出十步击杀一人，奔走千里锐不可当，因此赵文王称之为“天下无敌”。

B．庄子采用比喻、夸张、对比等方法迂回巧妙地劝谏赵文王。

C. 庄子说，剑有天子剑、诸侯剑、庶人剑三种，委婉地指出赵文王所好实际是天子之剑，而不是庶人之剑。

D.《说剑》这篇文章，主旨是劝说赵文王不要争斗，反映了庄子清静无为的思想。

5. 把文言文中画横线的句子翻译成现代汉语。

（1）闻太子所欲用周者，欲绝王之喜好也。

____

（2）赵国何求而不得也！

____

（3）夫子休，就舍待命。

____

二、阅读下面文言文，按要求答题。

庖丁释刀对曰："臣之所好者道也，进乎技矣。始臣之解牛之时，所见无非全牛者。三年之后，未尝见全牛也。方今之时，臣以神遇而不以目视，官知止而神欲行。依乎天理，批大郤，导大窾，因其固然；技经肯綮之未尝，而况大軱乎！良庖岁更刀，割也；族庖月更刀，折也。今臣之刀十九年矣，所解数千牛矣，而刀刃若新发于硎。彼节者有间，而刀刃者无厚。以无厚入有间，恢恢乎其于游刃必有余地矣，是以十九年而刀刃若新发于硎。虽然，每至于族，吾见其难为，怵然为戒，视为止，行为迟，动刀甚微。谍然已解，如土委地。提刀而立，为之四顾，为之踌躇满志，善刀而藏之。

《庄子·养生主》

1. 将文中画横线的句子翻译成现代汉语。

（1）良庖岁更刀，割也；族庖月更刀，折也。

____

（2）虽然，每至于族，吾见其难为，怵然为戒，视为止，行为迟，动刀甚微。

____

2. 庄子在文中提出一个什么观点？（用自己的话回答）

____

三、阅读下面文言文，按要求答题。

老聃死，秦失吊之，三号而出。弟子曰：“非夫子之友邪？”曰：“然。”“然则吊焉若此，可乎？”曰：“然。始也吾以为其人也，而今非也。向吾入而吊焉，有老者哭之，如哭其子；少者哭之，如哭其母。彼其所以会之，必有不蕲言而言，不蕲哭而哭者。是遁天倍情，忘其所受，古者谓之遁天之刑。适来，夫子时也；适去，夫子顺也。安时而处顺，哀乐不能入也，古者谓是帝之县解。”①

《庄子·养生主》

注：①帝之县解：顺应自然的生和死。帝，自然；县，生；解，死。

1. 将文中画横线的句子翻译成现代汉语。

（1）然则吊焉若此，可乎？

____

（2）安时而处顺，哀乐不能入也，古者谓是帝之县解。

____

2. 庄子在文中提出一个什么主张？（用自己的话回答）

____

四、阅读下面文言文，按要求答题。

庄子与惠子游于濠梁之上。庄子曰："鲦鱼出游从容，是鱼之乐也。"惠子曰："子非鱼，安知鱼之乐？"庄子曰："子非我，安知我不知鱼之乐？"惠子曰："我非子，固不知子矣；子固非鱼也，子之不知鱼之乐，全矣！"庄子曰："请循其本。子曰'汝安知鱼之乐'云者，既已知吾知之而问我。我知之濠上也。"

《庄子·秋水》

1. 将文中画横线的句子翻译成现代汉语。

（1）子非鱼，安知鱼之乐？

____

（2）子固非鱼也，子之不知鱼之乐全矣！

____

2. 庄子坚持认为"出游从容"的鱼儿很快乐，表现了他怎样的心境？（用自己的话回答）

____

参考答案

一、

1．A（解析：谋，图谋。）

2．C（解析：都是承接连词。A. 前一个“在”，后一个“到”，介词。B. 前一个代词，代“自夜相击”的情况。后一个助同，主谓之间取消句子独立性作用。D. 前一个“跟”，介词。后一个动词，“结交”。）

3．D（解析：①“庄子当能”是别人的看法。②句说的是庄子不接受贿赂。⑥所说的陈述对象是“大王”。故应选 D。）

4．B（解析：A. 原文第三段“臣之剑，十步一人，千里不留行”说的是庄子的剑。C. 委婉地指出赵文王所好实际是庶人之剑。D. 主旨是劝说赵文王要在其位谋其政，做君主应做的事情。）

5.（1）听说太子您想要用我的原因，是想中止大王对斗剑的喜爱。（2）在赵国想要什么而不能得到呢！（3）您歇着吧，到馆舍等待命令。

二、

1.（1）技术好的厨师每年更换一把刀，（是用刀硬）割断筋肉；一般的厨师每月（就得）更换一把刀，（是用刀）砍断骨头。（2）虽然是这样，每当碰到（筋骨）交错聚结的地方，我看到那里很难下刀，就小心翼翼地提高警惕，视力集中到一点，动作缓慢下来，动起刀来非常轻。

2. 认识和掌握了事物的规律就可以做到“游刃有余”。

三、

1.（1）那么这样吊唁，可以吗？（2）安心适时而顺应变化，那么悲哀欢乐就不能侵入身心，古人称这是顺应自然的生来死去。

2. 庄子认为对生死应采取达观的态度。

四、

1.（1）你不是鱼，怎么知道鱼的快乐呢？（2）你本来就不是鱼，你不知道鱼的快乐是可以肯定的。

2. 庄子认为鱼“乐”，其实是他自己愉悦心境的投射与外化。